地方で起業して、いきなり手取り額を2倍にする方法

エネキコリ 再生可能エネルギープロデューサー
株式会社ソマウッド 代表取締役

久米歩

自由国民社

地方に住んで
必要とされ
稼げる起業家になる

働く

林業従事者を支援する国の補助金制度は充実しており、新規就業後３年間で10前後の資格を無償で取得。林業以外の造園業や建設業でも通用する人材になれば転職や独立への道も開きやすい。写真の重機の購入にも補助金を活用

働く

森を育てることは人を育てること。定期的に子どもたちへの体験イベントを開催。森に足を運ぶだけでなく、触って・嗅いで、という五感をフルに活用できる内容に。植栽だけでなく木材の活用方法を理解するための伐採体験が他社にはないコンテンツ。自然と触れ合うことが貴重な時代に「原体験」を提供することを重要視している

人の輪を広げる

ビジネスの関係を超えた異業種交流の一例。有名ラーメン店の代表と理念を共有し、ヒノキの立木を新店舗スタッフ全員で伐採する体験を提供

人の輪を広げる

家具作家の助けも借りてカウンターを制作。森の中に立っていた一本のヒノキを丸ごと活用し、9メートル近いカウンターを継ぎ目なしで制作することに成功。唯一無二の無垢材カウンターとなった

楽しむ

丸太を無駄なく販売するため、一部を薪として加工。近年の薪ストーブ・キャンプブームでニーズがあがっている

キコリ業は世間の目に触れることが少ない。積極的に動画で発信する。視聴者の大半は男性で高年齢層だが、求人に応募してくれる若者は動画を事前に視聴してくれている

はじめに

地方で起業するのは大変だ……。

この本を手に取ったあなたもそう感じている1人でしょうか。

2014年に日本創生会議の座長である増田寛也氏がこのままでは近い将来896(約半数以上)もの地方自治体が消滅する恐れがあるという「増田レポート」を発表し全国の市町村に衝撃を与えました。

これにより、東京大都市圏へ若者が一極集中している構図が改めて明らかになったのです。

東京大都市圏にどんな魅力があるかはさておき、この国の未来像を考えたとき、衰退していく地方にチャンスを感じる人がそう多くないのも仕方ないことかもしれません。

都道府県	件数	負債総額（百万円）
関東	2,234	561,708
茨城県	104	10,886
栃木県	94	16,239
群馬県	62	15,720
埼玉県	282	38,106
千葉県	206	32,777
東京都	1,126	405,147
神奈川県	360	42,833
全国	6,030	1,150,703

倒産件数は全国の約２割

出典：東京商工リサーチ　2021年全国都道府県別倒産状況

また、全国各地から若者が集まって職に就いているだけでなく、起業する人数が桁違いに多いのも東京です。

東京はチャンスにあふれている。

そんな期待を胸にして上京する若者の姿は古今東西変わりません。

東京には優秀な人材が集まり、仕事が生まれ、お金を呼び込み、さらに膨れ上がっていきます。常に最新の情報が飛び交う街、そして成功者が更に成功していく街。

起業を志す者なら一度は思い描くドリームストーリーがそこにはありそうです。

ただどうでしょう。

当然、成功の裏には失敗もあるわけで、

企業の倒産件数をみると東京都内の倒産件数は全国総数の2割に迫る数値で推移していますし、廃業率も全国平均のおよそ倍の割合となっており、うまい話だけでは済まないのが本当のところではないでしょうか？

では、衰退していくと見られている地方での起業環境は本当に劣悪なものなのでしょうか？

たしかに東京に比べて地方にはデメリットがあります。

交通網が未発達で移動にコストと時間がかかったり、そもそも人口が少ないがために マーケットが小さく事業を大きくしにくいという難点もあるでしょう。投資家との接点を持ちにくいという状況も有り得ますし、成功者から学ぶ機会が少ないとの声も聞こえてきそうです。

一方で、起業における有利・不利は表裏一体。見方を変えれば、地代や賃料は地方の方が安価だし、空き地や空きテナント、倉庫の類も地方の方が余力はありそうです。

それらに加えて、各地の行政は移住者を地元へ呼び込むために様々な起業支援を提供していることも見逃せません。

住まいへの補助や提供は元より、起業資金の補助や金利優遇もスモールビジネスのスタートアップにはありがたい施策となります。

筆者も創業以来、なんと1000万円以上の補助金・助成金を活用して創業時代を乗り切ることができました。

設備投資から人件費や人材育成に渡って大きな支援を受けたことには感謝しても し尽くせません。

また、働けども働けどもお金が出ていくばかり……。

マンションを購入するにせよ、戸建てにするにせよ、都内で自宅を所有するには夫婦共働きは必須、しかも背負う住宅ローンは40年。住まいにかかるコストは年々上昇し、子どもと過ごす時間をも犠牲にしてマイホームのために働き続けることに果たして意味があるのだろうか。そんなジレンマに悩む子育て夫婦の嘆きが聞こえてきそうです。

都市部における住宅費用と教育費を捻出するにはもはや世帯年収1000万円では足りません。

そしてそのハードルをクリアするためには相当な時間を夫婦ともに費やすことになります。

では、なぜこのような世帯年収デスレースが生まれてしまうのでしょうか。

それは正にコスパ・タイパなどの言葉に代表される「生産性」のマジックに惑わされているからに他なりません。

稼ぎたいなら都市部へ行こう。都市部へ行けば仕事があるだろう。それ自体は間違っていないでしょう。

しかし、住宅を取得し子育てを人生の重要な通過点とするならば、都市部における「稼ぎと費用」の効率が悪すぎるのです。

ちなみに、それを裏付けるデータとして、6年以内に子どもを産んだ世帯だけを抽出すると、世帯年収の中央値は、全国平均692万円、東京市町村部は812万円、東京23区は1012万円となっています（「東京23区で子を出生した世帯の半分以上が年収1000万円「子を産める・産めない経済格差」が進行」／Yahoo!ニュース https://news.yahoo.co.jp/expert/articles/963ee5ab5b1077307537768a3fac9f78fb15fde72）。

このデータを見て、こう思いませんか？

今の年収のまま地方で暮らせば手取り（可処分所得）が倍増するのではないか。

それを実現するヒントが本書には満載です。

また、起業とは直接関係ない要素ではありますが、都会住みの人からはうらやましがられることが多々あります。

それは、「暮らしの楽しみ」や「癒し」の部分です。

満員電車に揺られるストレスはほぼありませんし、どんな街でも一歩足を延ばせば自然と接しているので森・川・海のアウトドアレジャーを生活の一部として楽しむことも可能です。

近所に温泉が湧いていることも珍しいことではなく、四季折々の新鮮な地場産品に舌鼓を打つなど健康的な暮らしを実現できるのです。

バブル時代のように、東京で稼いで地方に別荘を持つスタイルではなく、「地方で稼いで地方を楽しむ起業スタイルが今風なのではないか」とすら思えてきます。

それと意外と意識されていないのが災害対策です。

都会で長時間の停電を経験された方はご存じでしょうが、「帰宅難民」という言葉が生まれたことからもその影響の大きさがうかがえます。

筆者が住んでいる静岡県では2011年9月の大型台風によって住んでいるエリアが1週間近く停電した経験がありますが、それほど困った記憶がありません。

災害時に困ることは停電により、水とトイレが機能不全に陥ることが挙げられます。

田舎の場合、水は川から汲めば対応できますし、トイレも各戸に浄化槽が設置されているエリアなら短期的には乗り切ることができます。

上・下水道や都市ガスが普及している地域で水道本管にダメージを受けたとき、復旧までの時間は相当数掛かることが分かっています。

2021年8月に東京都内で6000戸以上の建物でおよそ1週間程度、都市ガスが使えなくなる事故が発生したことも記憶に新しいでしょう。

さらに言うと、地方にはプレーヤーが圧倒的に不足しているので、隙間だらけなんです。特に農林漁業に関わる1次産業界隈は既得権益ゴリゴリの世界でもありますが、逆に言えば**新しい風を必要としているとも受け取れます。**

実際、筆者は田舎暮らしを始めてすぐにお茶工場でのアルバイトを頼まれました。そこで出会った農家の方々から多くの家庭教師を依頼されたのです。通えるエリア内に学習塾がないこと、大卒男子は田舎においてはレアキャラであったというのがシンプルな理由です。

家庭教師の経験はゼロ。それなのに勢いに任せて学習塾を開業、1日1コマ90分、週に6日で月額20万円以上の現金収入を稼ぐことができました。

昼間は季節労働をたしなみつつ、牧歌的な暮らしを堪能できるのも田舎暮らしならでは。

年の約半分は自由に使える時間がある状態で年収400万円越えを達成しました。本文で詳しく記しますが、田舎暮らしのコスパは最強。

ありとあらゆる生活費が安価なので可処分所得に余裕が生まれます。

それに、キャッシュリッチになっても時間の余裕が無いなんてつまらない人生ですよね。

現在は牧歌的暮らしから徐々にステップアップし、法人成りして15期目を終えようとしています。

社員も雇用し事業分野も多角化しつつあり、年商も目標にしていた1億円にもうすぐ手が届くところまでゆっくりと成長してきました。今後はこれまで積んできた林業のキャリアと、社内教育によってチェーンソーによる事故を一切起こしていない実績を活かして自社開発した、キコリの人材育成DX「オンラインキコリスクール」という商品で海外進出も展望するようになっています。

もし何かしらの事業アイデアがあるのなら、その種を東京で蒔くより地方で育てた方がむしろ失敗する確率が下がるでしょう。なにせ競合がいないのですから。

大企業の歯車となり、自分の存在意義に悩むことは一度や二度ではないはず。自分独自の表現が成り立ち、オンリーワンの存在になれる場所。俄かには信じられないかもしれませんが、学歴も実績も問われない世界、それが地方には広がっているのです。そのことを本書ではしっかりと説明していきます。

ゆとりある暮らしをして、やりがいのある働き方をしたい方はこの先を読み進めてください。

目次

第2章 地方で勝ち抜く人脈の作り方

第3章 地方の生活コストはこう下げる

第1章

地方で起業してオンリーワンになる

1-1

新卒がブランドになる。おすすめは人口3000人規模の村or元村

皆さんは「平成の大合併」という言葉を耳にしたことがありますか？

法律改正に伴い、１９９９年4月から２０１０年3月まで約11年間続いた市町村合併のことを指します。これにより、全国の市町村数は３２３２から１７２７におよそ半減したといえます。

生まれ育った実家の住所がなくなり、大きな市町に吸収されてしまって何となくさみしい思いをされた方も多いと思います。

しかし、この市町村合併は「明治の大合併」「昭和の大合併」と実は複数回実施されているのはあまり知られていないようです。

僕が田舎暮らしを始めた地域は、現在では政令指定都市である静岡市清水区ですが、その前は静岡県清水市だったエリアです。

現在の静岡市は人口70万人弱、元清水市は24万人程度の規模。

どちらにせよ、清水といって山奥をイメージされる方にはあまり出会ったことがありません。それもそのはず、清水市になる前、つまり「昭和の大合併」前は「両《りょう》河内《ごうち》村《むら》」という独立した行政単位で山梨県に接する北部の県境に位置してたからです。

今でもその「村」の名残が強く残っていて、住所名としての「両河内」は消滅してしまったのですが、元村のエリアを指してりょうごうち、りょうごうちと市民の間では通称として愛されています。

現在、その両河内エリアが約1000世帯・人口3000人を擁するエリアとなっています。

このような「元」村は日本全国津々浦々に存在し、ほとんどがいわゆる中山間地域と呼ばれる山林と川と田畑に囲まれた素敵な場所になります。主要産業は当然、農林漁業をはじめとする一次産業だった、もしくは現在も一次産業が主力です。

また戦後、日本人の労働人口の約6割は自営業（社会政策学会誌「社会政策」第

8巻第1号）だったという事実にピンとこないかもしれませんね。

映画『ALWAYS 三丁目の夕日』の背景となった時代といえば少しは彩りを持ってイメージできるでしょうか。

そしてそのころ、国内の食料自給率は9割近くありました。

つまり、日本の国力は地方の中山間地域が支えていたということになります。

時代が進んで令和の時代、働き方の割合は逆転どころか9割がビジネスパーソンです（「労働力調査2020年」）。

これは何を意味するかといえば、労働人口が都市圏へ集中していることを示していて、地方の中山間地域の労働人口が激減したということです。


僕が飛び込んだ村には案の定、大卒男子しかも新卒ほやほやな人材は皆無でした。

当時は若い人が田舎で仕事をすることが珍しいからか、まずは変人扱いから始まり、定着するにつれかわいがってもらえるようになりました。

そして、農家のお父さんお母さんたちから「ウチの子供の勉強を見てやってくれ」と家庭教師を頼まれ始めました。

塾講師の経験もナシ、教職課程も踏んでいないのにです。

1-2

田舎の働き方はこれだ！複業でリスク分散・安定収入

田舎で暮らし始めると意外なことが起こります。各所から様々な声がかかるのです。

・アルバイトの誘い
・祭りの手伝い
・農道の草刈り
・水道施設の掃除

これらはどれも人手不足の過疎化地域ではよくある話でしょうが、この他に何が意外なことだと思いますか？

一番驚いたのは「仕事」に関するお声がけが多かった点です。

例えば、都会から田舎へ移住を検討する際、「仕事が見つかるかな……」という心配を抱える人は多いと思います。

自分の場合は、どちらかといえばいきなり暮らし始めたものの、仕事には困らなかったというパターンなので、参考になるか微妙ではありますが、とにかくあっちからもこっちからも仕事のお誘いをいただき、仕事を探すのに困った記憶がありません。ただし、季節限定アルバイトのようなものが多くありました。


そのわけはこんなことが推測されます。

中山間地域の主産業は長らく農林業だったため、兼業・専業含めて農業に関わる人口が多かったと考えられます。

中山間地域は都市部に比べて一次産業に従事する人口の割合が高く（29〜30ページの資料）、二〇一五年の統計ですら全人口の1割程度しかいないにもかかわらず、農業産出額は全体の約4割を占めています。これ以前のデータが見つかりませんが、かつては今以上にその割合は大きかったことがうかがえます。

農林業も実際は一つの作物を年中つくり続けているばかりではなく、いくつもの

資料Ⅱ－51　産業別就業人口の割合（平成27(2015)年）

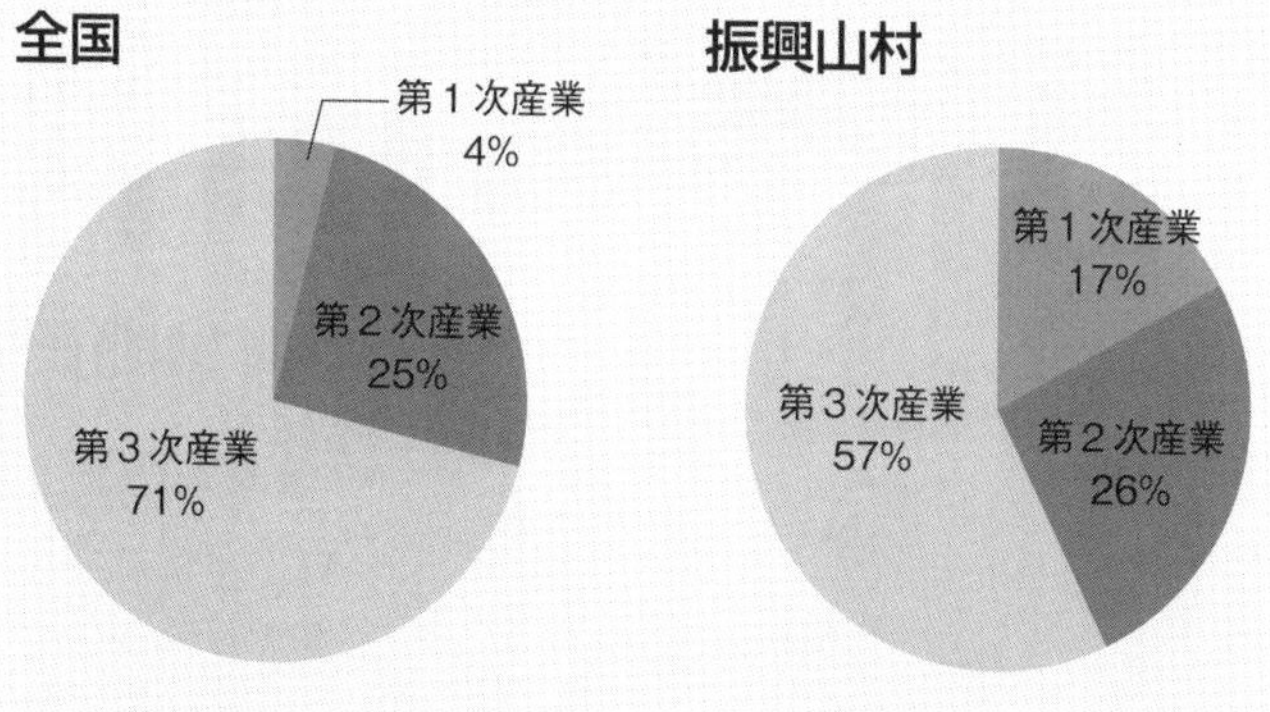

注：総数には「分類不能の産業」を含まない。
資料：総務省「平成27年国勢調査」を基に林野庁作成。

1　中山間地域の概要

［中山間地域農業をめぐる情勢］　参考資料1

・ 中山間地域は、農業産出額や耕地面積において全国の約4割を占め、我が国農業・農村において重要な位置づけを有している。
・ 一方、中山間地域の人口は漸減傾向をたどり、高齢化率が全国の10年先を行く高水準にある。

○　農業産出額の推移

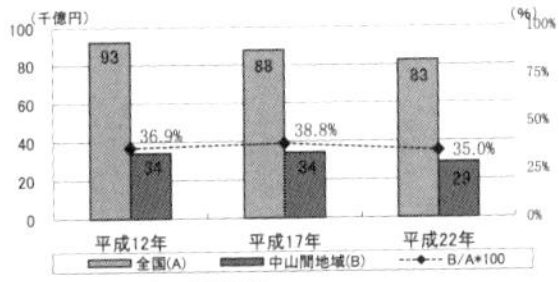

資料：農林水産省「生産農業所得統計」
注：全国の産出額について、平成12年及び17年は「市町村別推計値」で、平成22年は「都道府県別推計値」。また、平成22年の中山間地域の産出額は、農林水産省農村振興局中山間地域振興課が推計。

○　人口の推移

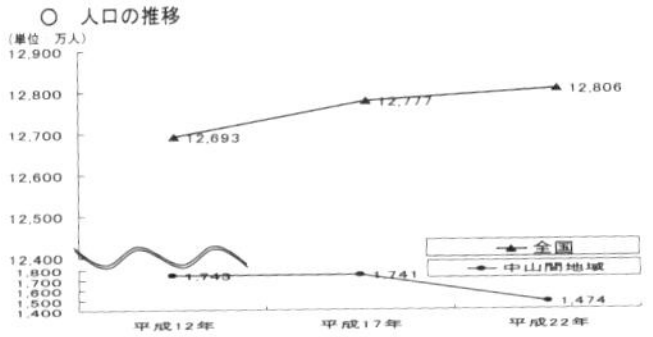

資料：総務省「国勢調査」
注：平成22年の中山間地域の人口は、「旧市町村」（昭和25年2月1日現在の市町村）単位で組替集計し、農林水産省農村振興局中山間地域振興課が推計。

○　耕地面積の推移

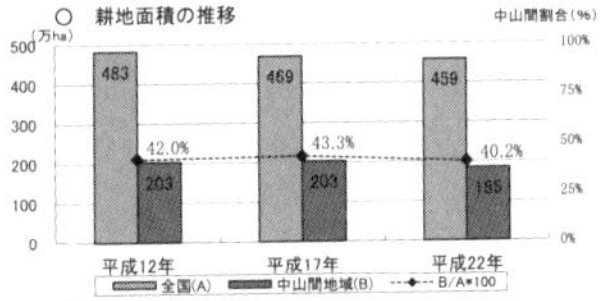

資料：農林水産省「耕地及び作付面積統計」
注：平成22年の中山間地域の耕地面積は、農林水産省農村振興局中山間地域振興課が推計。

○　高齢化率の推移

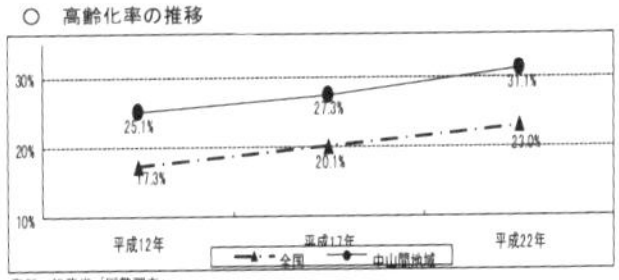

資料：総務省「国勢調査」
注1：高齢化率は、65歳以上の割合。
注2：平成22年の中山間地域の高齢化率は、農林水産省農村振興局中山間地域振興課が推計。

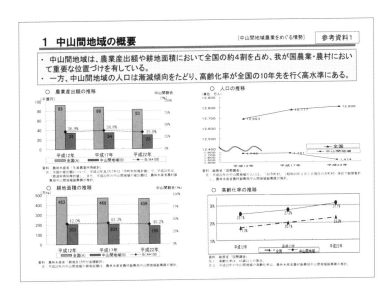

品種や異なる作物を季節ごとにつくっているパターンが結構あります。

日本には四季がありますから、施設栽培と呼ばれる冷暖房を施すビニールハウスなどの資材が発明されるまではどうしても気候に合わせて営農するしかなかったのでしょう。

となると、お米と野菜、お米とお茶、野菜と果物などと収穫の季節をずらしてつくるのはごく自然なことであり、それによっていくつもの作物を育て上げるスキルを身に付けてきたともいえますよね。

豪雪地帯であれば尚更です。

それに「百姓」という名称は100の仕事をこなす職業というニュアンスも含まれていることからも納得していただけるでしょう。

そこで脈々と受け継がれてきた働き方がいわゆる「季節労働」です。

前項でも書きましたが、かつては勤め人の割合より自営業の方が多かった時代には特に違和感がなかったかもしれませんが、今は年間雇用（正規雇用）から外れたと捉えられがちな働き方です。

しかしながらこの季節労働というのは、よくいえば四季折々の季節の移り変わりに合わせた働き方ともいえます。

僕の場合はお茶工場で働く機会をもらいました。

両河内はお茶の産地で、急峻なお茶畑に雲海が立ち込めるという高品質なお茶が生育する条件が整った地域だそうです。

そのお茶畑で育てられた葉っぱをお茶に加工する工場で都合6年近くお世話になりました。

お茶の加工場では、刈ったばかりの生の葉を受け入れてすぐさま高圧の蒸気で蒸し上げます。

その後、いくつもの工程で揉んだり乾燥させたりしながら徐々に仕上げていくのですが、その途中の工程を管理したり掃除したりする季節限定のお仕事が僕をその地域に根付かせてくれた大きなきっかけになりました。

加工場での仕事は3〜7月、9〜10月と年間通じて合計約半年間程度の季節労働でした。半年間で多いときは120万円くらいの手取りだったように記憶しています。

それじゃあ「1年やっても240万円！　そんなに少ない年収で大丈夫なの？」と思われるかもしれません。

その声もわかります。ただ、雨が降ったらお休みですし、一番茶と二番茶の間に2週間程度、そして秋の番茶が始まるまでの1ヵ月半程度はフリータイムでした。まさにお茶という植物の成長に合わせて人間が働く「季節労働」なので、ある意味自然任せですし、自然のペースに足並みを合わせて働くのがなんとも心地良かったんですよね。

この他に酒蔵の仕込みやスキー場や登山小屋なんかもそれに近い職場・職種かもしれません。

となるとまた疑問に思われることでしょう。

11月〜2月はどうしていたの？　と。

これまた幸運なことに、ちょっと手伝ってみないかとお声をかけていただき、秋の終わりから春を告げるまでの季節はキコリのアルバイトをしていました。

こちらも20代後半にかけて何年もお世話になったお仕事です。

お茶工場と同様に初心者で一切の経験がないにも関わらず、いきなり受け入れてもらえたのです。今考えると柔軟な受け入れ体制だと思います。

そして、3年も経つとそれなりにスキルが身に付き、仕事の流れも把握できてくるので、やりがいを感じたり、楽しみが見つかったりするから不思議なものです。そのころには一人前扱いしてもらって、当然のように次の年の仕事も頼まれたりしました。

ここで僕の好きな言葉を一つ紹介します。

民芸運動の中心でもあった陶芸家の河井寛次郎の言葉「暮らしが仕事　仕事が暮らし」です。

自然にある程度身を任せた働き方というのは、暮らしと仕事の境界線がぼんやりとしてくるのを僕自身実感していました。今風にいうとオンとオフの境目がないとでもいうイメージです。

休みが不定期なんて信じられないと感じる方も多いでしょうが、横文字を使って「シームレス」な働き方・暮らし方といえば少しカッコいい感じがしませんか？

ただ、このときの僕の年収はずばり200万円〜300万円程度です。いくら田舎の生活費がリーズナブルだとしても、「それだけでは少し不安だ」と言われても

学習塾の看板を自らつくる

仕方ないです。

　お茶工場で働き始めたころから家庭教師の依頼が来るようになったことは前項で書いた通りですが、実はその働き方には続きがあります。

　その家庭教師も3軒くらい掛け持ちが続いたころ、さすがにこれ以上は身体が持たないと思い大学のゼミの恩師に相談したところ、「じゃあ塾にしたらいいじゃない」という勧めを受けて学習塾を開いたのです。

「え！　そんな簡単に学習塾ってやれるものなの？」と思

われたかもしれません。当初、僕もそう思いました。

お茶工場の役員の方のご紹介で空き家を一軒借りられることになり、そこの一室を塾部屋としました。

リサイクルショップで大きなホワイトボードを見つけて壁に掛け、看板を木の板で自作したら学習塾の完成です。

経験は家庭教師のみ、教材は本屋さんで見繕った問題集と学校で使用されている教科書のみ。後は生徒と一緒に考えながら勉強していくスタイルで船出しました。

税務署に開業届などの書類を提出することもこのとき覚えました。

こうして、個人事業主となったのです。


恩師に命名していただいた「独歩塾」は地元中学生に英語と数学を指導する学習塾でした。

家庭教師を区切りよくフェードアウトしてから始めたので塾生はたった1人からのスタート。結果的にマンツーマン指導となり、それが功を奏したのか口コミで1人また1人と塾生が塾生を連れてきてくれたのです。

2年目には各学年5名前後、合計15名程度の規模になりました。

1年生は月・木、2年生は火・金、3年生は水・土と日曜以外の夜間19時半から21時までの1・5時間／回で運営し、月謝は週2回×4週で1万5000円／人と設定したので最大月収22万円以上にもなりました。

若かったこともあり、昼間の季節労働以外に夜の時間帯に働くなんてブラックだ、とは思わなかったです。

自分の時間を自由に設計して働けるスタイルが合理的だし、自分で決めて自分で実行できることが好ましいとすら感じていました。

つまり、5月の八十八夜のころは新芽みずみずしいお茶の香りにまみれ、冬は極寒の中チェーンソーを振るって汗を垂らしながらキコリとして木を伐る。そして夜は通年で塾の先生と、あるときから3足の草鞋を履いて稼ぎ、暮らしていたのです。そのころ年収は400万円を超えていたでしょうか。

設備投資のほぼ不要な学習塾の個人事業主ですから、ノーリスクに近い形で複業を実現していたことになります。

併せて、自由な時間を年間通じてかなり確保できていたのもワークライフバランスが向上した要因かと思います。

「お声がけいただいたら、断らないこと」を決めていただけで、未経験であっても続けていたらある程度は習得できること、そして一つの仕事からまた次の仕事につながっていくということ、振り返ればスモールスタートとトライ&エラーの実践が成功の秘訣だったということになります。

1-3

初年度売り上げ0円でも補助金1000万円超

フリーランスで仕事を続けていた頃「公的な仕事をするならやっぱり法人じゃないとね」という誰かの言葉を鵜呑みにし、勢いで法人を設立してしまいました。

しかし、簡単には進みません。初年度にやろうと思っていた事業が頓挫。計画は真っ白になってしまいました。

そもそも4月～3月の事業年度で法人設立したのに、スタートは8月。見込みが甘すぎます。結局記念すべき1期目は売り上げゼロを記録。

役員報酬が毎月「未払い」と仕訳されていきました。

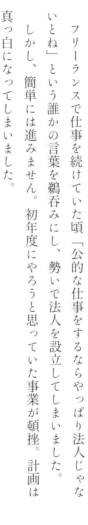

つまり社長である自分への給与が払えなかったのです。今だから言えますが、当時はその深刻さもよく理解できないほど未熟でした。

一方で、起業リスクをヘッジしてくれたのは学習塾です。毎日2時間程度で生活費を稼げたのは大きかった。見込みの甘かった法人経営を間接的に地域の皆さんに支えてもらったといえます。

2期目のスタートが迫ってきたとき、何気なく応募していたある助成金（緊急雇用創出事業）の採択通知が届いたのです。当時、世界同時不況いわゆるリーマンショックで失業率が上昇しているときでした。

その対策として、国が雇用に資金を大幅に投入したのです。

血税が巡り巡って地方の超小規模事業者の手元に回ってきました。そして、本当に返済不要というから驚きます。

その額なんと1000万円超。その資金を人件費に使えるという内容。

ご存じない方も多いと思うので少し補足すると、補助金や助成金は人件費にそのまま使えるものがレアなのです。

この資金を元手に2人を雇用することができ、うち1人は現在も最前線で活躍するキコリに育ってくれました。

緊急雇用創出事業は厚生労働省の管轄でした。

経済産業省でもなく農林水産省でもない、まさに失業にあえぐ国民を救済するた

め の助成事業でした。

もともとこの事業は、長期不況による解雇が多かった都道府県を中心に都道府県庁や市役所、町村役場、委託された民間企業で短期間雇用を行い、後の長期的仕事への就職、ひいては生活の安定につなげることが中心だったとのこと。

ここ静岡県でも幅広い業界や業種において募集されていたと記憶しています。当時、起業前後から自分はしょっちゅう県の林業部門の窓口へ相談にいっていました。そこで初心者でも挑戦できる補助事業はないか、やるなら誰に相談したら良いか等、とにかく藁にもすがる想いで情報を集めようとしていました。そんな折、この助成金の提案をもらったのです。

この事業はその名の如く、失業者を救済することが目的ですが、ただ単純作業をこなすだけでなく、何かしらのスキルを身に付け、次なる就業の機会に備えることが重要視されていたのです。

つまり、雇用しながら人材育成していくイメージです。

林業分野での課題の一つに、小規模山林所有者を集約して林業の合理化・生産性向上を目指すというものがあることを学んでいた僕は、中山間地域で活躍する林業分野の営業マンを育てることを考えました。

ほぼ同時期（平成21年から）に、総務省が始めた「地域おこし協力隊」という事業があります。

全額国費で賄われ地方自治体の負担はゼロという特徴があり、都市部の人材を新たな担い手として地方の充実・強化に資するため送り込むという内容です。3年間生活の保障をする代わりに地域おこしのための事業を担当し、期間を満了した後にはその地域で独立するか就職することを期待されています。

令和2年には全国で5000人を超える人材が活躍し、令和6年に8000人を目指すといわれていますが、政府の思惑通りそのままその地域に定着するのは令和元年度の調査で62・8%であり、残りの37・2%もの協力隊が終了後、地域外へ流出してしまっています（「総務省　令和元年度　地域おこし協力隊の定住状況等に係る調査結果」）。

この結果から、予算配分したとしても、その地域に馴染まず、残念ながら流出する人も3分の1程度は発生してしまうということがわかります。

とはいえ、僕は個人的に、国の支援を受けることには前向きです。公費を投入してもらったからにはそれが社会課題の解決につながる成果を出してやる、そういう想いでありがたく頂戴しています。補助金に関しては、3章でも詳しく解説します。

1-4

広告宣伝費不要。存在自体が珍しいから取材はあっちからやってくる

どんな商品・サービスでも世間に知られていなければ存在しないことに等しい、というのはマーケティング界隈でよく聞くフレーズです。

また、どれだけ良いものをつくったとしても、その商品が「良い」というだけでは売れない、というのも現代では周知の事実でしょう。

そしてSNS全盛期を迎え、個人でも容易に発信できる時代ではありますが、効率よく多くの人に知ってもらうにはそれなりの予算が必要です。予算がなければ、ゆっくりと認知を高める戦略になるかもしれません。

ところで、創業当時僕は正直言って広告宣伝費をほとんど掛けませんでした。

もちろん、法人を創業してからはホームページを作成するくらいのことはやりました。

著者の会社ホームページ

ただし、そのホームページにも集客の機能はなく、名刺代わりといったニュアンスでしょうか。

まず、学習塾時代は完全に口コミで塾生が確保できていました。村内に学習塾が存在しないことはわかっていましたし、家庭教師が学習塾運営のためのテストマーケティングになりました。結果、1人の塾生がもう1人、またもう1人と次々と同級生を連れてきてくれるので、キャパオーバーでお断りしたこともあるくらいでした。

大切なのは、そこに在る価値です。

他に比べる人がいないなら、そもそもあなたの存在自体が自然と求められるのです。

また、法人を創業してからはさらに驚くべきことが続きます。

新聞、テレビ（キー局・地方局）、ラジオ、雑誌、書籍、ウェブ媒体などから、多くの取材を受けました。

それも1円も広告費を支払わずにです。

これはなぜでしょうか。

以下にまとめてみます。

イ、若者が田舎に暮らすことが珍しかった
ロ、移住者が1次産業で起業するのが珍しかった
ハ、地方都市は人口流出を止めたいので移住者を誘致することに注力している
ニ、行政には1次産業従事者を増やしたい思惑がある
ホ、結婚して子供が3人いた

簡単に言うと「珍しい」存在であり、おそらく社会に求められている存在だったということですね。

そして、社会課題を解決する取り組みや事業は、それが営利事業であっても多く

の市民の共感を呼び、無条件で応援してもらえる存在になれるのです。

ここで、お付き合いのある地元銀行での思い出話を紹介しましょう。

後日談として担当の支店長から聞いた話では、全支店から支店長が集まる支店長会議で頭取から「ソマウッドという会社があるのを知っているか？」と質問が飛んだのだそうです。

頭取が仰ったことをまとめると「地域を守る理念を掲げたヨソモノでワカモノが奮闘しているそうだが、何か支援しているのか？」ということです。担当の支店長さんは全く当社のことを知らなかったので冷や汗タラタラだったようです。

金融機関も規模に関わらず地域に根差した小さなスタートアップ企業を支援することが理念にあるのだなと嬉しくなりました。

今でもその銀行が当社のメインバンクですし、困ったときには手を差し伸べてくれ、かつ厳しいアドバイスもくださる大切なパートナーとしてお付き合いしています。このことから、世のため人のためとなる理念を持って活動していれば、きっとどこかで誰かの目に留まるんだということを僕は信じることができました。

1-5

ライバルがいないので競争がない。特化したら大手電力会社から研修会依頼

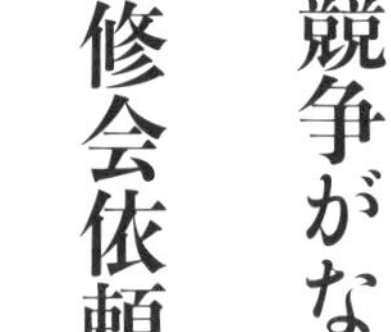

ある日、某大手エネルギー企業に所属する教育担当の部長さんからいきなりメールが届きました。ホームページを見てチェーンソーの技術研修をしているのを知り、社員向けに研修を開催してくれないかという問い合せでした。

実際にお会いして開口一番、「なぜ当社に依頼を？」と僕の方から切り出しました。まさか大手企業から打診を受けるなど予想だにしていなかったのでこちらが驚いてしまったのです。

「実は社内で伐採時に事故があり、その改善策の一つとして社員への再教育を企画している。ついては御社に研修を依頼したい」といわれました。それでも僕の疑問はまだ残りました。

「通常、よくある行政の外郭団体などに研修を依頼することが多いと思うのですが、なぜそちらではなく当社を選ばれたのですか？」と聞いたところ「再発防止に効果

	H23	H24	H25	H26	H27	H28
林業	36.3	31.6	28.7	26.9	27.0	31.2
全産業	2.1	2.3	2.3	2.3	2.2	2.2
製造業	2.8	3.0	2.8	2.9	2.8	2.7
建設業	4.1	5.0	5.0	5.0	4.6	4.5

※年千人率は、１年間の労働者1,000人当たりに発生した死傷者数の割合。
資料出所：度数率、強度率は労働災害動向調査、年千人率は労働者死傷病報告と総務省労働力調査から算出

のある研修を実施したいと考えている。一般的に開催されている研修会が実際の現場とかけ離れていて研修の実効性に乏しいと考えているので、ぜひ御社に引き受けていいただきたい」というお返事がありました。

そして実際に２０２０年度に20人、２０２１年と２０２２年にそれぞれ30人の社員研修を受け入れたのです（２０２１年度はコロナの影響で最終的に10名になった）。

前置きが長くなりましたが、これらのことは二つのことを示唆しているのだと感じています。

一つ目は、誰もやってないことや**隙間のサービスはどこかに存在するということ。**しかもそれが日本の、地域の社会課題を解決する一助になるとしたら、いつか日の目を見ることができる。チェーンソー研修会の事例で言えばニッチ中のニッチを極めたからこそ大企業からも求められるようになったといえるでしょう。

二つ目は、今の選択や判断が正しいかどうかはわからな

いですが、振り返ったときに点と点がつながっていることがわかるということです。結果（お金）は後から付いてくる、よく耳にするこのフレーズは再現性を持っていると体感しました。

そして、以上の2点の集大成とも言える事業を2023年にスタートさせました。その名も、オンラインキコリスクールです。

この事業には二つの想いが込められています。

・林業の現場から死亡事故をなくしたい
・「技術」を合理的に短期間で学び「技能」を磨いてほしい

林業は死亡事故の多い業界として認識されているのですが、やはりその現実を少しでも変えていきたいと考えています。

また、様々な職人系現場では未だに「見て覚えろ」的な指導がされているケースが残っていると思います。そこに一石を投じたい。

例えば、伐採に関する技術をいち早く理解するための仕組みがこの国にはありません。数年かけてじっくり人材育成されることが当たり前になっていますが、死亡事故の約3分の2は伐採時に起きていますから、その分野に関する学びの機会は早ければ早いほど事故の抑制につながるはずです。

つまり、新入社員など新しくこの世界に飛び込んだ人に対して集中的に教育を施す必要があります。

キコリ教育の分野にイノベーションを起こす。

大きな目標ですが、まずは第一歩を踏み出しました。知識中心の学科科目はオンデマンドでいつでも受講できる環境を整え、実技は対面で行う、そんなハイブリッド型の研修事業、それがオンラインキコリスクールです。

1-6

百姓を参考に。2~3種の複業で緩やかに立ち上げ、上手くいったら法人化

あなたが既に死ぬまでの生活に必要な資金を蓄えているのなら別ですが、地方に そして田舎に仕事はあるのか、やはり心配は尽きないことでしょう。

単身の場合は新天地に飛び込んでみて、それから考えたり職を探したりするのもアリだと思います。僕自身はそっちでした。

ただ、既にご家族がいる場合はそうはいかないでしょう。

住まい探しと同じくらい働き方は家族にとっても自身にとっても重要な要素です。

誰にとっても100%正解というものはないでしょうが、事前にイメージを膨らませ新生活のシミュレーションをするのは悪くはないはずです。ここでは働き方を5つのパターンに分けて考えてみましょう。

①　現職で在宅ワークが100%可能
②　現職で概ね在宅ワーク可能だが定期的に出社する必要あり
③　転職前提↓住居と近接している勤め先を探す
④　起業前提↓前職のスキルを活かす
⑤　起業前提↓新しい挑戦

①現職で在宅ワークが100%可能

コロナ禍の影響などで住むエリアの自由を手に入れた人です。

自由満喫型移住とでも呼びましょうか。一つ注意が必要な点は、在宅ワークに欠かせないオンライン環境のチェックは入念にした方が良いでしょう。僕が住んでいるエリアはこの原稿を書き始めた時点でADSL回線を利用していましたが、執筆途中で光回線が整備されました。ですから、現状では光回線が整備されていない地域でも、市町村に整備計画があるかもしれないので、近い将来開設されるようならばその地域に移住しても良いでしょう。

総務省によると光ファイバの整備率（世帯カバー率）は、2020年（令和2年）3月末で99・1%となっていますが、過疎地域や離島などの地理的に条件不利な地

2020年（令和2年）3月末の光ファイバの整備状況（推計）

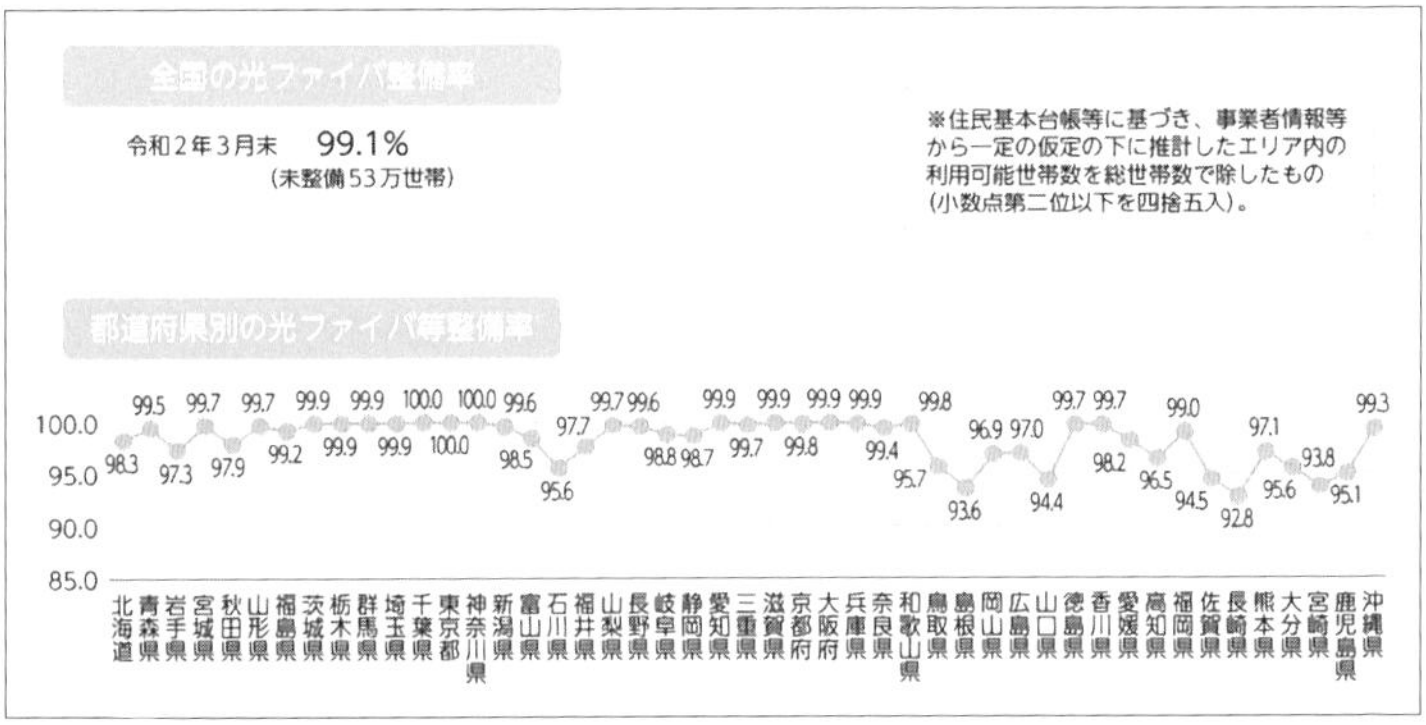

出典：総務省　令和3年版 情報通信白書　光ファイバ整備の推進

域では整備が遅れているとのことです。

②現職で概ね在宅ワーク可能だが定期的に出社する必要あり

この場合は駅チカ一択でしょう。新幹線通勤型移住ですね。特に真新しいスタイルでもありませんが、毎日の通勤が不要であれば選択肢が増やせます。

会社から新幹線の定期券が支給されていない時代には思い切れなかった移住も、月1回程度の出勤であれば住宅費の削減で相殺できる可能性が高まります。

改めて調べてみると、東京から特急や新幹線で1時間程の距離で通勤できるところは意外と選択肢が多いです。

自分の住んでいる静岡県は新幹線の駅が多い県として有名ですが、中でも熱海、三島は首都圏勤務の人が自宅を構えていることで知られています。

例えば三島エリアのデータを見ると、2010年からの5年間における三島地域への転入者のうち、前住地が静岡県外である人の中で、東京都・神奈川県・埼玉県・千葉県・愛知県で多いことがわかっています。これを市区町村別にすると、東京都

都内から1時間程で移動できるエリアと交通手段

交通手段	移動	距離（km）
東海道新幹線こだま	三島～東京	120.7
東海道新幹線ひかり	静岡～東京	180.2
東北新幹線なすのやまびこ	宇都宮～東京	109.5
上越新幹線たにがわ	高崎～東京	105
北陸新幹線あさま	安中榛名～東京	123.5
特急踊り子	小田原～東京	83.9
特急ひたち	土浦～東京	69.6
特急ときわ	石岡～東京	85.8
特急草津	熊谷～上野	61.1
特急あかぎ	深谷～上野	72.5
特急さざなみ	木更津～東京	74.3
特急わかしお	上総一ノ宮～東京	82.2
特急しおさい	八街～東京	65.9
特急成田エクスプレス	成田～東京	68.4
特急あずさかいじ	大月～新宿	77.5
小田急特急ロマンスカー	秦野～新宿	61.7

大田区・世田谷区・杉並区・練馬区・横浜市港北区など東京都心部に近い郊外住宅地からの転入者が多いということです。

２０２０年時点で三島エリア（三島市・長泉町）の人口はおよそ14万人。そのうち、遠距離通勤者は３０００人に迫る勢いで、直近40年間でなんと約６倍にも増加しているのです（「三島駅周辺地域における遠距離通勤者の特性と地域が抱える課題」２０１９年　東京学芸大学　古田歩・牛垣雄矢）。

ちなみに、日本一新幹線の駅が多いのは、新潟県と岩手県で7駅、静岡県はそれに次ぐ6駅です。

そして、静岡県で地価が上がっているのは熱海です。

２０２２年7月1日時点、県内で最も地価が上昇した商業地は、ＪＲ熱海駅前の平和通り名店街近くでした。

熱海市中心部に首都圏の観光客が多く戻ってきていることが地価上昇の大きな要因となったようです。新幹線こだまで東京から45分程度の距離の近さに加えて温泉地であることもあり、別荘用の戸建てやリゾートマンションが次々と定住用途として売れていると聞きました。

なんと言っても自宅の蛇口から温泉が出てくるのは温泉地に住む醍醐味です。行楽目的のイメージが強い温泉地も今後は移住先の選択肢として人気が出てくるでしょう。

③　転職前提→住居と近接している勤め先を探す

ある程度便利で地方の良さを感じたい人、言うなればバランス型移住です。移住先としては政令指定都市かその周辺、就職先は地方の有力な中小企業もしくは地方に本社を置く上場企業が選択肢に入ってくるでしょうか。

多少の年収ダウンは受け入れつつも前職のスキル・キャリアを活かして活躍できる職場が見つかるとQOLが上がりそうです。

僕の同級生の事例を紹介します。

北海道出身のO君と九州出身のA君、いずれも僕と同じ大学に進学したことをきっかけに静岡の地に縁を持ちました。卒業後も地元企業に就職・結婚するなど完全にIターン者として根付いています。二人の共通点は新卒採用時に入社した企業から転職をし、現職に就いている点と結婚に至る出会いが学生時代にあった点です。

A君は某交通系企業の部長さんに、O君は医療系ベンチャーの役員にまで昇り詰めました。

「学生時代のことを思い返すと、それぞれお互いに想像もつかない人生とキャリアを歩んでいる」と会うたびに思わず笑ってしまいます。地方の企業で活躍する道もまた一つの選択肢になりそうですね。

④ 起業前提→前職のスキルを活かす

⑤ 起業前提→新しい挑戦

起業前提で、もう組織に勤めることは選択肢に入れない起業型移住です。読者の皆さんは少なからず「起業」の二文字を意識しつつも、二の足を踏んでいる現状ではないでしょうか。

それに対して僕が提案したいのが複数の事業を同時に回す「複業起業」です。これには柱にしたい事業以外にも稼ぐためのアルバイトなどをかけ合わせるやり方も含みます。起業してまでアルバイトをしたくない、そう思われるかもしれませんが、各地域にはその地域独自の産業があったりしますから、見たこともないような職種を体験することができます。

それはスキルアップになりますし、身に付けたスキルは後々人生を豊かにするものになるでしょうし、新たな人脈を構築できるのもメリットです。何より自分が何者であるかを知ってもらう広報的役割も果たせます。

僕の場合は、お茶工場でのアルバイトから家庭教師の仕事の依頼をいただくことにつながりました。家庭教師をやってみることで学習塾の進展も生まれたのです。後付けではありますが、学習塾のテストマーケティングにもなっていたので無駄がありません。

ちなみに、お茶工場ではお茶の品種や製造方法、そして美味しいお茶の淹れ方を教えてもらいました。これは日本人として、素敵な教養を身に付けられたと思うのです。何より出来立てのお茶、高級なお茶を存分に味わせてもらったのも良い思い出です。また、木こりの修行も同様です。

住宅等に多く使用されているスギやヒノキを見分けるだけでなく、匂いでもかぎ分けられるくらい木材を目利きするスキルが向上しました。スギ・ヒノキは日本固有の樹木です。何百年・何千年も日本人はこれらの素材を使いこなし愛してきました。こういったことをお金をもらいながら身に付けられるなんて贅沢極まりないと思いませんか？

加えて、木材に詳しくなったことが基盤となり、現在は木造住宅を建てる地域の工務店さんと協業する事業にもつながりました。ですから、もし仮に本当にやりたい事業が最初にできなくても、少し遠回りをしてみるのも悪くはないでしょう。

地域に根差した複数の仕事を経験することをお勧めします。

ここで前述の北海道出身O君に聞いてみました。彼はなんと転職11回の経験値を持っています。

O君曰く、一言でいうと**「経験値が溜まる」**そうです。

目の前の勤め先で得られる経験が自分にとってプラスになるかはその時点ではわからないし、結果としてキャリア形成に結びつかなくて失敗したと思っても、Aの職種が自分の特性に合ってなかった、Bの職種は向いているかもしれないと可能性を感じたことや、Cのような社風、経営理念の会社（環境）では自分の特性を発揮できそうだ、もしくはできなさそうだ、など次々と新しい気づきを得られたのだと言います。

この話をO君としていて気づいたことがあります。

筆者との共通点があり、それは「好奇心旺盛であること」です。人間には誰にも多かれ少なかれ備わっている好奇心ですが、これは一種の自己防衛本能であり、進化の過程に必要不可欠な能力だといえないでしょうか。

樹上で暮らしていた人類の祖先が平地に降り立ったとき、外敵に身をさらすリスクより新しい世界への興味を抑えきれないという好奇心が勝った結果と仮説を立てたらどうでしょう。

現代においても、なぜ冒険家やアルピニストはあえて困難な山をそして新ルートを開拓するのでしょうか。そこには研ぎ澄まされた好奇心が原点にあるような気がするのです。仕事の選択や住む地域の違いなど、世界最高峰の山々への挑戦に比べたら、命を失う危険性は限りなく小さいのです。皆さんは自分の人生という船に乗ってアドベンチャーに出航した冒険家。それぞれが「〇〇王」になるつもりで独自のログを記していけたら楽しいですよね。

第2章

地方で勝ち抜く人脈の作り方

2-1

住む前に通い詰めるのもあり。地域と接触回数を増やして時を待つ

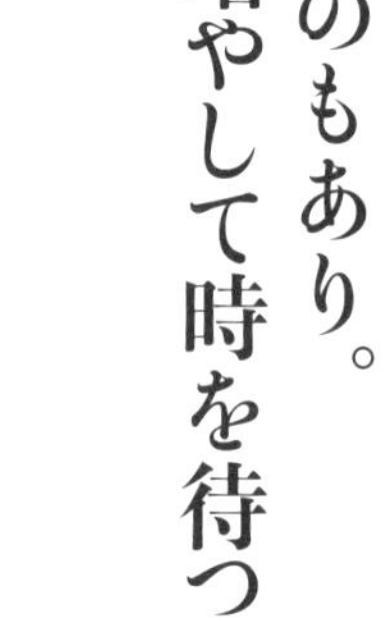

そうは言っても、移住にしろ、転職にしろ、起業にしろ、スパっと決められない・決まらないこともあります。であればじっくり**お試し型移住**をするのもおすすめです。

僕は学生時代に現在の居住地である両河内地区に出入りする機会を得ました。それはゼミの恩師がその地域に山荘を所有していて、そこでゼミ合宿を度々開催していたからです。

居住地から初めて他地域にアクセスするにはそれ相応のきっかけが必要ですし、ふと思い立って移住を決めることは珍しいケースだと思います。

ですから、ご縁に任せた地域選びというか、ご縁に導かれて自然と移住先が決まることの方が、結果としては上手くいくと感じています。

ご縁に導かれた移住という点では、観光系ＩＴベンチャーを創業した株式会社オトノの青木真咲さんを紹介したいと思います。

関西出身で関西の大学を卒業後、大手マスメディアの企業に就職、転勤を機に静岡を訪れました。そこで青木さんは温暖かつ自然豊かで、食べ物も美味しい静岡の風土や温かみのある人々に触れ静岡愛に目覚めたといいます。

この魅力をもっと外に発信したい、そう考えるようになったのだそうです。３年の静岡勤務が終わり東京へ戻ることになったとき、彼女は大手企業のキャリアを捨てて、静岡に残ることを決めたのです。困ったらどんなアルバイトもやって乗り越えようと思っていた、そう笑って回想されていました。

ふたを開けてみたら、持ち前の根性と企業人時代に培った人脈を元に仲間が集い起業に至ったとのこと。

また、少し話がそれますが、僕の経験もお話ししたいと思います。２０１６年に静岡県熱海市で開催された「99℃ Startup Program For Atami 2030」に参加しました。

これは、『熱海の奇跡』（東洋経済新報社）の著者である市来広一郎さんが仕掛けた熱海で起業・創業したい人向けの4ヵ月間の創業支援プログラムで、著名な講師陣によるサポートを受けて自らの事業計画をブラッシュアップし、テストマーケティングまで行う実践的な内容で、ゼロからの起業を支援してもらえる取り組みでした。

最終日には市長・副市長をはじめ熱海市民数百人の前で事業計画をプレゼンするという企画で、僕はこのプレゼンで「熱海支店を開業します！」と宣言しました。

熱海に興味を持ったきっかけはいくつかありますが、同じ静岡県でありながら全国的な知名度はピカイチであること、商圏が関東エリアと重なっていること、市域の6割が山林だが、林業がないこと、豊富な温泉資源で知られているけれども、実はそのうちの何割かは重油ボイラーによって加温される冷泉であること、などです。

ちなみに僕の事業計画は、加温している重油ボイラーを薪ボイラーに置き換えることによって、「放置されている山林から薪という新たな資源を生み出すと当時に、年間数千万円も地域外へ流出している燃料費を地域内で循環させること」としました。

ただそれ以上に、個人的に熱海という土地に漠然と興味を持ったというのが本当のところで、もし人生がもう一度あるなら熱海に住んでみるのも悪くないな、という考えです。

それから7年以上経ちましたが、定期的に熱海へ通ってます。

それは即移住とはまた違う関わり方ではあるけれど、イベントに参加したり市来さんの経営する街おこし会社とコラボしたり、時折講師としてお仕事をいただいたりすることで細く長い関係を保っているのです。

プレゼンした内容の実現には至りませんでしたが、よく言えばそこから派生した人脈によって新たなお仕事が生まれたりしています。

2-2

頼まれたら断らない。誘われたら断らない

地域コミュニティーで人間関係が構築できるのか、気になるところですよね。

しかし、元をたどれば100年単位の歴史を引き継ぐ地域で、我々移住者はいわゆるヨソモノ。10年住んでも20年住んでもヨソモノはヨソモノであり完全な村人にはなれないのです。

ただそんなに悲観することもありません。

有名なことわざ「郷に入っては郷に従え」を徹底すればいいのです。

僕はかれこれ20年近く田舎暮らしを実践していますが、一つ意識していることがあります。それは、「頼まれたら断らないこと」。そして、「誘われたことには参加すること」とも言えるかもしれません。ここで僕の経験をお話ししましょう。僕の住んでいる村にはあるお祭りがありました。

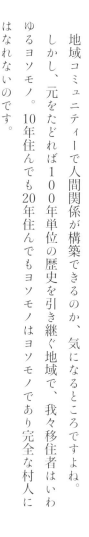

毎年4月上旬、タケノコがたくさん採れる季節の風物詩になっていてお客さんが大勢来場する賑やかなお祭りです。

このお祭りは村独自の開催で行政から一切の支援を受けていないという珍しい自立型です。

ひょんなことからこのお祭りに来てみないかというお誘いを受けました。

具体的に僕に課されたミッションは餅つきでした。2日間でトータル50臼というハードなもので、草餅《くさもち》と地元では呼ばれているヨモギ入りのお餅をつくのが特徴でした。

事件はそのお祭りの打ち上げで起こりました。

初めて参加した慰労会、わけがわからないながらも多くの人から声をかけてもらい、嬉しくなってつい勧められるままに酒をあおり、なんと途中で記憶をなくしてしまったのです。穴があったら入りたいと思いつつも、介抱してくださった方に菓子折りを持って後日お礼に伺ったのでした。この日を境に、村の方々には随分とお世話になることになりました。

さすがに今はもうこのようなお酒での失敗はありませんが、このくらいのインパクトある「迷惑」を掛けたことで皆さんに覚えてもらったといえるかもしれません。あえて言うならば、「人に迷惑を掛けない」ということは本来不可能に近く、もしそれができるとしたらコミュニティーを拒絶することになってしまいそうです。

つまり、人と人の中で暮らすことは大なり小なり「迷惑」を掛けたり掛けられたりお互い様と考えられるのではないでしょうか。

迷惑を掛けたことを悔やむより、受けた恩をどう返していくか、それが大切だと思っています。僕自身、今住んでいる村が大好きですし、公私ともに様々なご支援を村の皆さんから受けています。日々、どうやってこの地域に恩返しできるか、と考えています。

2-3

コミュニティーに参加して、オンリーワンキャリアをつくろう

田舎へ入ると、様々なコミュニティーに出会うでしょう。先ほどもお伝えしましたが、各種のお誘いにはなるべく「ＹＥＳ」で答えた方が良いでしょう。

それは、受け入れ側である先住の民もあなたを迎え入れる意思がありますよ、という表現だからです。

例えば僕の場合は、

①　水道の掃除当番
②　下水施設の掃除当番
③　ビン・カンのごみ捨て当番
④　毎月開催の寄合
⑤　農道の草刈り

⑥　神社の祭り
⑦　組長の役回り
⑧　消防団

一つひとつ順番に声をかけてもらい、すぐにその役割を引き受けていきました。それぞれの作業に時間はとられるものの、皆で作業を分かち合っているので不公平感を感じたこともありませんでした。

それよりも、各種作業で村の人たちと触れ合う機会が増えて楽しいな、という感覚の方が大きかった。そうこうしているうちに、互いのプライベートなことまで知ることになります。

人間関係を深めたいなら、

・自己開示
・単純接触効果

が有効であることは知られていますが、田舎のコミュニティーでも同じです。

とにかく声がかかったらラッキーと思って、全てのイベントに出てみたら良いでしょう。

足が速ければ運動会で活躍できるかもしれませんし、お酒が好きなら祭りで一緒に盛り上がれるなど、喜ばれる要素が一つくらいは見つかるはず。田舎暮らしの前には、ぜひ特技・特徴の棚卸をしてみることをお勧めします。

そうすれば、あなたの人となりは、あっという間に知れ渡ることになります。その次の段階として、仕事に誘われることがあるでしょう。

2-4

「若者の出会いはない」と覚悟が必要

ずばり言うと、地方へ行けば行くほど可能性は低い、と僕は考えています。**地方の若い女性は都市へどんどん流出しているのが現実です。**

２０１４年から２０２０年の総務省統計によると、県外への転出者が転入者を上回った道府県は40に上り、中でも男性より女性の転出した数が多い道府県はなんと37を占めていると衝撃の事実が明らかになりました（朝日新聞デジタル　２０２１年11月２日「地方の人口流出、男女差はっきり　若い女性が東京に向かうワケは」https://www.asahi.com/articles/ASPC16DKQPBKULFA001.html）。

パートナーが欲しいのなら先に見つけた方が良いことがわかります。

自分の経験談で恐縮ですが、前妻は大学時代のサークルの１学年後輩でした。結果だけ見ると、元後輩と卒業後に結婚した、ということになります。これは結構重要ではないかと思っていて、なぜなら僕が住みついた地域で同世代の独身女性と知

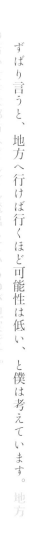

り合うことはほぼなかったからです。

僕のような大卒男子ももちろん不在でしたが、考えてみると女性も高校を卒業したら大学への進学・都心の企業への就職を機に、街へ行ってしまうんですね。


たしかに、農業にしろ林業にしろ、人生の諸先輩方にかわいがってもらうことは多々ありましたが、同世代の女性と知り合うコミュニティーがありませんでした。

また、田舎では外せない地域コミュニティーとして消防団が挙げられますが、消防団も基本的に男性が多いです。ですから、事前に移住や起業というライフプランを共有できるパートナーを見つけた方が良いです。

ちなみに、コロナ以前は地方でも出会いがある場所は以下の通りいくつもあったでしょう。

例えば、職場恋愛や友人・知人の紹介、イベント、結婚紹介所、相席居酒屋などです。職場恋愛や友人・知人の紹介に関しては、移住してからすぐには難しいでしょう。イベントはコロナで激減し、今も地方では以前ほど数が多くありません。結婚紹介所はある程度の投資が必要で、相席居酒屋などもコロナの影響を受けました。

そういった意味で都市と地方において幅広く出会いというテーマをハックしたの

はなんと言っても「マッチングアプリ」ではないでしょうか。

これは新時代の出会いを提供するツールとして見逃せません。

お互いのプロフィールを事前確認できますし、その上で出会いが生まれるこの仕組みは現代版「お見合い」と言っても過言ではありません。

今後は移住や起業をテーマにした出会いをアプリ内でマッチングする仕組みが生まれるかもしれませんね。


余談ですが、僕の父親は55歳でサラリーマンを早期退職し夫婦で離島へ移住しました。詳しくは後ほど解説しますが、よく言われる「夫が移住を希望して妻がそれに追随する」ということではなく、2人の共通の趣味や生きがい、人生観が重なる部分があったからこそ、移住が実現したのです。

どちらかだけが移住を志向した場合は、結局上手くいかなくて田舎から去ってしまったり、片方だけ田舎に残るといった結果になってしまうとの話もあります。ですから、今後パートナーが見つかったり、現在いらっしゃる方は、地方移住が念頭にあることを事前にシェアできる関係をつくることが大切です。

第3章

地方の生活コストはこう下げる

3-1

家賃月額平均2〜3万円の掘り出し物が見つかるかも？物件購入や改修費用にも補助金がでる

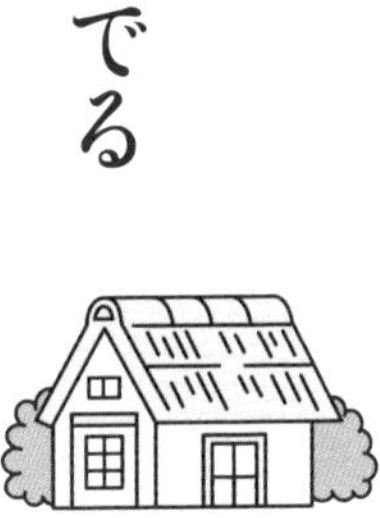

地方移住、特に田舎暮らしで重要な住まい探し。「住まいが決まれば移住が決まる」といっても過言ではないかもしれません。

それほど住まいとの出会いは大きな要素を占めると思います。

ふとした瞬間に地方移住を考え始めたとき、おそらく多くの人が各種不動産サイトを検索することでしょう。

「〇〇県　空き家　移住」みたいな検索をしたことはありませんか？

もしかしたら間取り図や写真の数々を見て、移住ごころをくすぐられるかもしれませんね。

一方でこんな現実を突きつけられる可能性もあります。それは「空き家バンク」の問題です。

※空き家バンクとは、自治体が主体となって運営している空き家情報サイト。空き家の売却

静岡市の空き家バンクのウェブサイト

又は賃貸等を希望する所有者等から申込みを受けた情報を、定住等を目的として空き家の利用を希望する者に対し紹介する制度です。

例えば、静岡県静岡市の空き家バンクを見てみましょう（2023年2月上旬時点）。

・空き家売買物件：5件
・空き家賃貸物件：0件

これが現実です。静岡市は人口70万人弱を擁する政令指定都市です。

しかも、移住したい都道府県ランキング1位になったこともある静岡県の県庁所在地において、その全域において登録されている物件がなんと5件（賃貸物件は0）しかないのです。もしあなたが、「田舎には空き家がたくさんあるらしいから、それらを格安で買うなり借りるなりして暮らしたら良いのではないか」と考えているなら相当厳しいかもしれません。

住宅・土地統計調査（総務省）によれば、空き家の総数は、この20年で1・8倍（448万戸→820万戸）に増加しました。

空き家の種類別の内訳では「賃貸用又は売却用の住宅」などを除いた、「その他の住宅」（「その他空き家」）がこの20年で2・1倍（149万戸→318万戸）に増加しています。

このことから、地方にも空き家が多いから探せば見つかるだろうと感じてしまうのも仕方がないことです。

ただし、この統計からは「その他空き家」が増えたことに着目すべきでしょう。

「その他空き家」とは賃貸用でも売却用でもない空き家を指しますから、簡単に言えば宙ぶらりん状態の空き家となります。

それは、家主が亡くなったり施設に入ることをきっかけに空き家になったものの、相続人である息子や娘は住まいを別地域に設けているので、帰省して住むわけでもなく、かといって手放したり解体したりすることもなく、放置され続けている空き家、こんなストーリーを想像させます。

つまり、どんな理由があるのかはともかく、売却や賃貸をする意思がないのですから、空き家バンクや、地域の不動産業者にも回ってこないということになります。僕の感覚とも一致するので事例をご紹介しましょう。

僕が住んでいる地域は大雑把に言うと、1000世帯3000人を擁する村ですが、地元自治会の調査で空き家がおよそ100軒あることが判明しました。世帯数の約1割近い空き家が存在していたのです。

地元自治会では忍び寄る過疎化の波に対抗すべく、移住者誘致の受け皿として空き家に注目したわけですが、そこで大きな壁にぶつかってしまいました。

それは、家主さんが[illegible]ことがほとんどだったからです。

まさに統計に表れている「その他空き家」増加問題と同じです。ちなみに、空き家を貸したくない、売りたくないという理由を実際に調査した結果を紹介します。

全戸アンケートを実施し、空き家の所有者に直接ヒアリングして得られた回答の代表例です。

(1)　親族が盆暮れ正月に利用するから
(2)　物置として利用しているから
(3)　仏壇がしまってあるから
(4)　先祖代々受け継いだ土地建物を手放したら非難されるから
(5)　見ず知らずのヨソモノに貸すのは怖いから

などとなります。

断捨離の中でも特にハードルが高いのが土地・建物なのかもしれません。山林も相続後に放置されることが多いのは、職業柄知っていました。

また、太陽光発電を計画したときも、銀行からは土地を購入することを条件に融資したいと言われていましたが、結局地主さんと売買で折り合わず半ばあきらめかけたこともありました。

このときは賃貸で承諾を得られ上手くいったのですが。

ここで言う空き家バンクの問題とは、物理的な空き家＝流動性のある不動産とはならない現実を指します。

では、「空き家をゲットしたい！」という希望は叶わぬ夢なのでしょうか。そうとも言い切れない事例が周囲にいくつもあります。

例えば、僕が住んでいる借家もその一つです。

結婚することが決まったころ、同時に住まいを探すことが急務となりました。あちこち探してウロウロしたり、地元の人に尋ねたりしましたが、ちょうどよく貸してもらえそうな借家が見つからず困りました。

いくつか案内してもらえた物件もありましたが、トイレがない、風呂がない、なとすぐに住めるような状態ではなく、リフォームするにもお金が必要なことは一目瞭然で、断念したりしていました。

このままでは結婚して妻を迎え入れることができない、と焦っていたのですが、あるとき職場の方から声がかかります。

「あそこの空き家の持ち主は同級生の実家だから聞いてみるよ」と。そこからとんとん拍子で話が進み、東京在住の大家さんに来てもらい内覧できることになったのです。

ふたを開けてみると、風呂・シャワー・トイレ完備というだけでなく、冷蔵庫・ガス炊飯器・洗濯機・食器棚いっぱいの食器類、ベッドまで付いていたのです。

いわば家具付きのウィークリーマンションよりも優良物件。それもそのはず、ついこの間までおばあさんが一人暮らしをしていたということで即生活可能な住宅だったのです。

大家さんとの内覧会は和やかに、かつ順調に運んでいるように感じられたので、ここは最後の一押し、何か決め手が欲しい。

そうだ、どこの馬の骨かわからない若者に実家を貸し出す大家さんも心配だろう。そこで僕はこのように提案しました。「家賃を先払いかつ年払いにします、いかがでしょう？」大家さんは驚かれた様子でしたが、それならばと快諾してくださったのです。

このエピソードでわかったことは、やはり人のつながりに助けられるということでした。お茶工場の役員の方が大家さんとの間に入って「ウチの工場で働いている若い衆だから貸してやってくれ」と仰ってくれた、つまり事実上、保証人のような役割を果たしてくださったといえます。

ご本人にとっては些細なことだったのかもしれませんが、とてもありがたかったです。実はその方の娘さんの家庭教師を1年間やっていたのです。ご縁とはなんともありがたいものですね。

この後、自分の住まいだけに限らず、結局何棟か空き家を借りることができたのですが、全てに「人」の助けがありました。

社員寮として10年以上借り上げていた空き家も、学生時代にお世話になった運送屋の会長さんのご紹介で決まりました。事務所兼社員寮を新たに借りられたのもお世話になった山主さんのおかげでした。

田舎で空き家を借りるのに王道はありません。

遠回りに感じられるかもしれませんが、村の行事やお祭りに参加する、村の共同作業に参加する、村の生産物等を購入する、そういった地道な行動が大家さんや周囲の人からの信頼につながります。村の人たちはあなたが近所に住むことがきっかけで不安になりたくないのです。

何らかのコネクションを使ってあらかじめ住む土地の現地調査を行い、その地域での信頼を積み重ねる方法を考えてみましょう。

さて、ここで2人の移住者を紹介しましょう。

1人目はT君、当社の元社員です。

彼は10年間運輸大手企業のドライバーとして働いていましたが、多忙なのを奥さんが心配して退職、心機一転家族で田舎暮らしを志しました。

彼の面白いところは、田舎暮らしありきで仕事は後付けだったこと。

まずは移住先を探して、見事空き家に巡り合います。

その後、田舎暮らしをするなら林業のスキルを身に付けたいと求職活動に取り組み、林業就職ガイダンスに出展していた当社と出会ったのです。

T君は田舎暮らしを目指して住まいを探しながら職業訓練学校に通い、家具職人の訓練を受けました。

そこで基本的な技術や機械の使い方を学び、現在も趣味と実益を兼ねて木工を楽しんでいます。彼の目指す働き方はずばり「木工キコリ」とのこと。もうすぐ田舎暮らし歴8年目、若手移住者として地域に貢献しつつ、オリジナルなライフスタイルを徐々につくりあげている3児のパパでもあります。

2人目は、弊社の元社員で現在フリーランスの働き方を選択したN君。

彼は福島県から夫婦で静岡県へ移住してきました。20代半ばで既に生涯の伴侶を得たN君ですが、地元福島県で既に林業従事者として数年間働いていました。一度は暖かい国で暮らしてみたいと考えた若きカップルは、移住先として温暖な静岡県に照準を合わせます。

彼は当社のことを聞きつけ、直接問い合わせてきた行動派。経験者でもあり、即採用としたいところですが、ネックは住まいです。

折角だから田舎に部屋を借りたいと言う二人に、今度は僕が空き家を紹介することができました。今まで僕が受けた地域からの恩恵を、違った形にしてお返しできたかなと思います。

さて、T君とN君の共通点はずばり、住まいに補助金を活用したこと。

当地静岡市には、県外からの移住者に対して「静岡市空き家改修事業補助金交付制度」を用意しています。

その内容とは、

【補助対象住宅】

○静岡市空き家情報バンクを利用し、売買契約が締結されたものであること。

○自己の居住の用に供さない部分について、自己の用に供する目的で使用すること。

○人の居住の用に供する部分の延床面積が40㎡以上であること。
○過去にこの補助金の交付を受けていないものであること。

【補助対象者】

○所有者が個人であること。
○購入した補助対象住宅に10年以上居住する予定であること。
○補助金の交付時において、世帯員全員が納付すべき市民税を滞納していないこと。
○暴力団員等（静岡市暴力団排除条例（平成25年静岡市条例第11号）第２条第３号に規定する暴力団員等　をいう）でないこと。

【補助対象経費】

○水道、ガス又は電気設備の改修費
○台所、トイレ又は風呂の改修費
○内装、外装又は屋根の改修費
○一部改築、増築及び減築等の工事又は修繕で建築基準法（昭和25年法律第２０１号）その他の法令に違反しないものに要する経費〇補助対象経費の3分の1を補助します（千円未満切り捨て）。
〇補助金額の上限は以下の通りです。
・子育て世帯　100万円
・県外からの移住者　100万円
・静岡市立地適正化計画で定める居住誘導区域に居住する場合　80万円（居住誘導区域から転居する場合は除く）
・上記以外　70万円

となっています。2人はこの補助金を見事射止め、T君は水洗トイレを、N君はユニットバスをそれぞれ整備しました。空き家の水回り問題は家族持ちにとって重要で、移住を決められるかどうかの分岐点にもなりますから、この補助金は非常にありがたいものです。その他の都道府県でも同様の事例がありますので、ご紹介しておきましょう。

そして皆さん気になる田舎の空き家（戸建て）賃料についてですが、状態がピンからキリまであるという前提で、僕の実感としては月額1～5万円の範囲に収まり、

補助金各県の事例

	都道府県	市町村	補助額	用途
1	静岡県	静岡市	100万円	空き家の改修
2	静岡県	藤枝市	上限30万円	空き家の改修
3	北海道	標津町	50～300万円	新築・中古物件購入、リフォーム
4	愛知県	豊田市	上限50万円	住宅取得費用、住宅用土地取得費用
5	山梨県	富士川町	上限80万円	住宅用土地取得費用
6	鹿児島県	霧島市	10～50万円	新築・中古物件購入、増改築
7	新潟県	上越市	20～60万円	新築、建売・中古物件購入
8	佐賀県	鹿島市	上限50万円	空き家の改修
9	鳥取県	岩美市	上限200万円	空き家の改修

※エリアや世帯によって補助額は異なります。
2024年２月現在

平均2～3万円でしょう。当然ですが、安い物件ほど痛んでいたり、イレギュラーな条件（仏壇問題など）が付随しがちです。リフォームの必要がほぼない庭付き戸建て住宅を月額5万程度で借りられたらお得だと考えて間違いないです。

そして、田舎だから「リーズナブルに借りたい・買いたい」という気持ちはわかりますが、僕の経験談として、値引き交渉を強く求めると失敗して元も子もなくなりますので注意が必要です。

実は、当時お金のない僕は、大家さんに「月額1万円で貸してください」と恥も外聞もなくリクエストした結果、「いったん白紙に戻しましょう」と言われてかなり後悔しました。

3-2

森の恵みはタダ同然!? 自然豊かな暮らしはこうして成り立つ。タダより高いものはない

自然の力を最大限活用する。

これが持続可能な社会や暮らしを支える大きなポイントになることは間違いなさそうです。そして、日本最大の資源と呼べそうなものが、ずばり「水資源」。国土の約7割を占める森林から生み出される川、そして湿潤な気候によってもたらされる豊富な雨量、この2点は世界に誇る自然資源です。

ここからは田舎暮らしと関係の深い、水環境について考えてみます。

2020年時点で水道の全国普及率は98％とされているので、ほぼ人口カバー率100％に近いのでしょう。余談ですが、下水道の普及率は全国平均80％ほどで、都道府県間でかなり差があります。

たまたまですが、僕が借りた空き家には簡易水道が設置されていました。

簡易水道（以下、水道）と言っても、山を流れる沢から引き込んだ水を沈殿槽を介して配管したものなので、いわゆる塩素滅菌やろ過というプロセスは経ていません。いわばピュア・ナチュラル・ミネラルウォーターです。

書生時代に暮らした山荘も同じスタイルだったので、特段驚くこともなく自然と受け入れることができました。

この山の水方式の水道は、水源が枯れない限り水が使えます。季節によって水量が変わるので気をつけなければいけませんが、言ってしまえば「使い放題」です。採れたての野菜やタケノコを庭先で洗ったり冷やしたり、畑の潅水や防除用水、ありとあらゆる生活用水＋αとして使い勝手の良いものです。

一方で、大雨が降ったり台風が来たりすると、水が濁ったり、取水口に土砂が詰まったりとトラブルも起きます。どちらかと言えば、人間に合わせた便利な設備というより、水道に人間が合わせていると言った方が正確かもしれません。

僕は学生時代にバックパッカーであちこち海外を放浪したことがあり、お腹を壊す経験もしました。やはり、日本の水資源の豊かさとその品質が海外と比べて桁が違うなと感じました。「空気がおいしい」に肩を並べる田舎の価値、それは安全性も含めて「水がおいしい」なのです。

水はハレの日だけでなく、日常的に多くの量を消費しています。飲み水、ご飯を炊く、お風呂に入る、トイレを流す、歯を磨くなど。その水がきれいでなかったら、もし美味しくなかったら、QOLが下がってしまうでしょう。そのくらい生活の隅々まで水は浸透しています。

もちろん、意味もなく使いすぎたり無駄に流したりするのは良くありませんが、スイカやタケノコを冷やすとき、料金を気にせず、水を流せたら幸せですよね。実際、我が家の水道料金は本当に「タダ」なのです。

何せメーターがありません。同様に、下水料金も「タダ」。

これには裏があります。水道はみんなの資産です。だからこそみんなで維持していく、というのが基本的なスタンス。ですから、水道施設つまり取水口から沈殿槽、貯水タンク、配管一式など、日頃のメンテナンスからトラブル対応、修理など全て関わる人たちで担当しています。

基本的なルーティンとしては、毎日誰かが当番で取水口の掃除と見回りをしていますし、年に数回の貯水タンク内の掃除も順番で回しています。

台風の後に配管から漏水することも珍しいことではないので、できるだけ関係者の手によって直します。下水施設も、必ず毎日誰かが掃除当番でメンテナンスに関わっています。年に数回の大掃除もあります。これらの労力を全て現金に換算して単位量辺りに割り戻したら、それなりの金額が徴収されることになるかもしれませんが、それらを自分の身体を使って労力を提供することによって「タダ」を生み出しているのです。

いずれにせよ、田舎暮らしを楽しむためのインフラとして「水環境」は非常に重要な要素となります。

住まいを選ぶ際、その村の水が市水なのか井戸水なのか簡易水道なのか、そしてそのメンテナンスにどのくらいの労働力が必要なのか、調査された方が良いでしょう。

理想的なのは、市水もありながら簡易水道や井戸を併設しているパターンです。市水は地震や台風などの被害で断水することが多々あります。実際、2022年9月の台風15号では静岡市清水区内で一時最大6万3000戸、最大約2週間の断水が発生し、水難民が生まれました。

自然災害については「3－4　田舎暮らしこそ自然災害へのリスクヘッジだ」で詳しく書きますが、電力のバックアップとして蓄電池や電気自動車を備えておくように、水のバックアップも考えておく方が安心です。

また、田舎あるあるの一つ、田畑を「タダ」で借りられる問題も少し似ています。

たしかに、有休農地・放棄農地と呼ばれる営農していない田畑は「タダ」か「タダに近い」賃料で借りられるケースが多いと思います。

ただし、条件が一つ。

田舎の仁義なき戦い「草刈り」の役務です。

人間にとって心地良い環境を提供してくれている植物たちも、いざ管理者の立場になると一気に見方が変わります。

住まいや田畑、駐車場やその他の空き地など、ありとあらゆる土から草が生えてきます。それは当然の自然の営みとはいえ、その生命力の強さとスピード感に、時折心がくじけそうになるほどです。

実際、僕が借りている住まいは建物以外に畑的な空き地を含めると１００坪はゆうに超えます。

それ以外に畑を借りていたこともありますし、薪置き場や資材置き場、太陽光発電所など、全て合わせると１０００坪は軽く超えそうな勢いで、それらの土地からぐんぐん伸びてくる草を刈るのに、慣れた手であっても1日では終わりませんし、年に4回は草刈りしないと維持できないのが現実です。

維持できないとは、ほっておくとジャングルみたいになってしまうということです。ジャングルになると、猪などの野生動物が人里に下りやすくなります。そうなると、頑丈な根が張ってしまって元に戻すのは不可能です。

また、大きな問題として、周囲の景観が悪くなり、ご近所さんからクレームを受けることにもつながるのです。雑種地であっても田畑であっても「タダ」で借りられるのはこんな背景があるからで、地主さんにとっての大きな負担を肩代わりできるなら、というのが本質といえます。

特に、水道も下水道も草刈りも、ある一定の時間的余裕と身体を動かすことへの前向きな姿勢がなければ成立しません。

手を動かし身体を動かし汗をかく、これが田舎暮らしにおける自然の恩恵を享受できる重要なポイントになっています。

以上のような前提に立った上ではありますが、地方の田舎暮らしには「タダ」のような自然の恵みが多く、昔も今も人間の暮らしを豊かにしてくれています。

資源は無限。自然を味方につけたら元手は要らない

農業も林業も自然を相手にする商売ですから、お日様の力や雨水の力を使って植物が育つお手伝いを人間がしています。極端に言えば、自然の力を最大限引き出すことで人間に有益な産物を生み出しているのです。

そして別の角度から見てみると、かつて国内の全ての資源は山林や田畑や海・川から収穫されていたので、資源は田舎から街へと流れ、その反対にお金は街から田舎へ登って行ったのです。

つまり、大山主さん＝大金持ちの時代がありました。

現代は大多数の資源が海外から国内へ流入しているのでお金は海外へ流出していて山主さんは昔ほどお金持ちではありません。

しかし、山主さんは今でも山林や田畑や宅地や住宅など様々な不動産を所有して

います。いわゆる遊休不動産の数々です。僕は誤解を恐れずに言うと、林業も農業も「不動産業」の一種だと考えるようになりました。土地の上に何か価値のあるものを生み出しそこから収益を得る、と考えればマンション経営やアパート経営と同じではないでしょうか。

土地の価値は求める人の量によって評価が上下します。

銀座の土地が日本一高いのは、そこを求める人数が最も多いからに他なりません。つまり、林業が斜陽産業だと呼ばれるとしたら、山林という不動産の上に立つ立木つまり材木やその他木材関連商品を欲しがる人が少なくなったからと考えることができます。

もし林業に今一度脚光を浴びさせられるとしたら、山林という不動産の価値を高めるしか方法はないと思います。

誰しもそんなの無理だとこの何十年も考えてきました。

しかし、その絶望感を打破する出来事が起きたのです。

一つは、２０１１年の東日本大震災と２０１２年の民主党政権下で成立した再生可能エネルギーの固定価格買取制度（以下、ＦＩＴ）の登場です。

あれから10年の月日が経ち、日々の風景の中に多くのメガソーラーに代表される再生可能エネルギーを生み出す発電所が出現しました。

賛否はさておき、これまで二束三文と考えられていた遊休不動産に俄かに注目が集まります。

山林はもちろんのこと閉鎖したゴルフ場や放置された農地など周囲に影をつくる高層建物がない土地、ある程度のまとまりがある土地、これらの条件を満たす土地は街中ではそう多く見つかりません。

そう、もう無理だと思われていた田舎の土地の価値が上がる瞬間を我々は目の当たりにしたのです。

身近な嬉しい事例をお話ししたいと思います。

僕が起業して以来、ソマウッドを非常に応援してくださる山主さんがいらっしゃいます。所有されている山林の整備を当社でさせていただいたり、事務所や社員寮として空き家を貸していただいたりと非常に大きな支えとなって助けていただいています。

その山主さんは多分に漏れず山林以外の遊休不動産をお持ちです。

中でも田畑についてはほぼ全て貸したりそのまま放置したりと営農はもう長らくされていませんでした。

そこであるときこんな質問をいただきました。

「あそこの田んぼの跡地、ソーラー発電とかできないものかねぇ」と。僕は経験も実績もありませんでしたが、FIT制度についてはある程度理解していましたし、周囲の情勢を見て何となくこの両河内村でもやれるのではないかと半ば確信を持っていたのでこう答えました。「おそらくできると思います。もし良かったら僕にやらせてもらえませんか」と。

そこから農地転用の手続きについて調べたり、ソーラーパネルの仕入れができるようにパネルメーカーの代理店になるべく、メーカー訪問をイチから始めました。ほどなくして、ソーラーシェアリングという農地の上で太陽光発電をしている事例の見学会に参加した際にパネルメーカーLooop社と出会いました。Looop社は震災後に創業したベンチャー企業で若手が活躍する風通しの良い社風の企業でした。

今では新電力事業や海外展開も含めて数百億円規模の売り上げ事業体になりましたが、当時はまだまだ創業したての雰囲気もあり、ソマウッドが代理店になることを大した条件もなく受け入れてもらえたのです。

これでスタートラインに立てた。そう思いました。

施工を頼める地元の電気工事屋さんも見つかり、農地転用も大きなトラブルなく通過し、農地から雑種地へと地目変更登記が無事に完了。後はあっという間に工事も進んで山主さんに納品することができました。

結果を見れば2000万円近くする工事を初めての経験でやらせてもらえた上に、現金一括でお支払いしてもらえたのは嬉しかったですね。

それに加えて、この事業によって山主さんの所有する遊休不動産の一部でも収益化させるお手伝いができたことが何よりの成果だったと思っています。

以上のことから林業も農業も不動産業だという意味が少しは伝わったでしょうか。時代時代によって土地の価値やその上物に与えられる価値が移り変わっていくということです。そして、そのチャンスは一度逃すともう戻ってこない一期一会なんですね。

田舎暮らしこそ自然災害へのリスクヘッジだ

田舎暮らしを始めて大きな節目を感じたことの一つが2011年9月21日の台風15号です。

奇しくも東北の大震災があったその年、僕が住んでいる地域に大型の台風が直撃しました。

四方を海に囲まれ、急流の川が縦横無尽に流れる日本の国土で、自然災害はどうしても向き合わなければいけない現象であることは言うを待たない事実です。

多くの災害時に即時的な課題になるのは、

(1) 飲み水の確保
(2) トイレの確保
(3) 食料の確保

①から順に緊急度が高いものです。

特に都市部においては②のトイレ問題の解決が難しいでしょう。

僕が住んでいるエリアは自然水がきれいで、いざとなれば煮沸等の処理さえすれば誰でも口にして問題ないレベルですから①飲み水の確保が問題になりにくいです。②のトイレ問題も住まいが分散していて、かつ各戸に合併浄化槽が備わっているので、全域に被害がなければトイレも残ります。

また、大きな声では言えませんが、いざとなれば、森や畑で用を足しても自然が受け止めてくれるという事実もあります。

③の食料は米の備蓄＋αがあれば急場をしのげます。

ましてや炊き出しをする環境が整っていますし、そもそも都市ガスエリアではなくプロパンガス普及地域ですので、自宅が被災していなければ、煮炊きに困ることもありません。

実際、全ての機能が不能になったオール電化住宅にお住まいの方が我が家へきて一緒におにぎりをつくってシェアしたこともありました。

全てを電化するリスクを考える必要がありそうです。

それら以外に、最も心強いことは強靭なコミュニティーの存在です。

どこに誰が住んでいてどんな困りごとがあるか、普段から情報を共有しているので、いわゆる「共助」が機能しているのです。

我が家の場合、僕自身が消防団で留守にしがちなことを理解してくれているご近所さんが、妻と幼子たちが困っているだろうと発電機を自宅に設置してくれました。

9月とは言え冷蔵庫の中身が気になりますし、洗濯機も回したいのが主婦の本音。少量の電力でも、あるとないとでは天と地ほどの違いがあります。

それをこちらから頼んだわけでもないのに、ごく自然に助けてもらえたのです。本当にありがたく、心が温かくなる出来事でした。

この1週間の出来事を通じて、僕は確固たる信念を持つに至りました。

「田舎最強！」

自然災害のリスクは全土に様々な形であるとすれば、むしろその対策や対応によって住みやすさやリスクヘッジの要点があると思うのです。

僕は街中でも仕事をしますし、東京へ出張することも時々あります。

万が一自然災害が起きるときには田舎の自宅周辺で受け止められたらいいなと考えています。そうすれば生き残れる可能性が格段に高くなるし、何より自分以外の誰かの助けになれる自信が今は持てるようになりましたから。

3-5

行政はトモダチ、田舎暮らし希望者は奪い合いの現実、売り手市場の移住業界

まず結論から言って、地方移住者は売り手市場です。

間違いありません。

なぜなら、以下のデータに頭を悩ませていない地方の首長はいないといっても過言ではないからです。

「地元を離れて東京圏などへ向かう人の流れは止まらない。総務省の住民基本台帳の人口移動報告によると、14～20年の合計で県外への転出者が転入者を上回った道府県は40に上る」（朝日新聞デジタル　2021年11月2日「地方の人口流出、男女差はっきり　若い女性が東京に向かうワケは」）

もし移住を検討している人がその選択に自信が持てないことがあったらこちらへ行かれることを強くお勧めします。移住者たちの聖地、東京の「有楽町」です。

移住形態	内容
Ｉターン	地縁血縁のない地域へ移住すること
Ｕターン	地元からいったん離れたのち地元へ戻る移住
Ｊターン	地元からいったん離れたのち地元の近くの地域へ移住すること
孫ターン（爺ターン）	それまで縁がなかった土地だが結婚を機に配偶者との縁が生まれた地域へ移住すること

なぜ有楽町が移住者たちの聖地か。それは東京交通会館内にある、ふるさと回帰支援センターへ行けば、理解できるでしょう。

現在はイベント開催方法も多くはオンラインへシフトしているので、雰囲気はだいぶ落ち着いたと思われますが、コロナ以前は移住を検討している首都圏在住の移住希望者対象のイベントが週末ごとに開催され来場者で溢れかえっていました。

イベントの主催は都道府県や市町村の移住促進を担当する部署です。

ここで繰り広げられるドラマは、まさに都道府県市町村対抗の移住者獲得合戦そのものであり、行政の担当者から見れば集まった来場者は未来の住人＝お客様なのです。首長から厳命を受け、村の新住人候補を何としても口説いて連れて帰らなければならない使命が彼らには課されているといえます。

人口減＝税収減を意味し、地方にとっては生きるか死ぬかを分ける生命線ですから、必死になってあの手この手の優遇策を提示しながら移住者を募るのです。

さて僕は、この聖地で何度か講師を務めさせていただきました。

静岡県からの依頼です。

地縁血縁のない地方へ移住する人のことをIターン者と呼びますが、自分はそのIターン者でありかつ1次産業で起業した人間として、移住を検討している首都圏在住の方向けに経験談を語るのがその務めでした。

静岡県の昇り旗とポスターを背にブースに座っているだけで多くの方が僕の元に来て様々な質問を投げかけます。若い夫婦や年配の方まで幅広い世代の来場者そしていろいろな職業の方がいました。

中でも、年収1000万円以上とこっそり教えてくれた30代半ばのパパさんの印象が今でも強く残っています。

誰でも知っているような大手企業にお勤めでしたが、移住を考え始めた理由が、「我が子を育てる環境として都内は考えたくない」ということと、現在の仕事内容に不満がある様子で「誰の役に立っているのか実感が湧かない。何かに貢献しているという実感が欲しい」と心の中を聞かせてくださいました。

そしてこうした相談に乗ってくれる行政側担当者も本当に素晴らしいのです。僕にご縁のあった方で恐縮ですが、静岡県と静岡市から派遣されている静岡に縁のある東京在住の担当者の面々は移住コンシェルジュとも呼ぶべき仕事ぶりで、移住希望者の細かいニーズに対して様々な人脈やリソースを駆使して最適な情報を相手に渡そうとする姿勢に感動しました。

結論。移住に迷ったら有楽町へ行くべし。

ここでは実際に有楽町のふるさと回帰支援センター内にある静岡県移住相談センターの相談員として令和2年3月まで務められ、その経験とそこで培った幅広い人脈を活かして現在は静岡県浜松市の浜松移住センターでご活躍されている宮嶋千恵美さんに移住者の実例について教えていただきました。

1　30代と20代の夫婦（東北出身×首都圏出身）➡23区から静岡県浜松市中央区

結婚を機に、夫婦の時間・余裕ある広々したスペース・落ち着いた環境を求めて

23区から移住。それまでは都内の移住窓口で相談。

都内で積んだ営業の経験を活かせる転職先が探せそうなこと、妻の実家との行き来のしやすさ、海・山・湖・街どこへも30分〜1時間圏内でアクセスしやすく、住んでいる人も温和だったので静岡への移住を決めた。

【移住まで】

夫：浜松市内企業への転職活動をしながら都内で働き、仕事が決まってから2ヵ月ほどで移住。

妻：都内で広告代理店勤務をしつつ、移住を機にイメージコンサルタントでの起業を目指し都内で勉強。夫から遅れて2ヵ月後に移住し起業。都内ではライバルが多いが地方ではまだまだ同業者が少なく集客はSNSでやりやすかった。

【移住後】

夫：東京と違い、ご縁でつながる仕事が多いと感じる。職場の人もフレンドリーで、趣味のサッカーで子供のサッカーチームに誘われ、そのクラブの父親たちや、OB、子供たちなど多様な年代との交流ができた。

妻：個人事業なので、お客さんとの付き合いが主だが、わりと自分のことをフランクに話す人が多い印象。ゆったりとした親しみやすさを感じている。いろいろ声はかけられやすく、移住して1年でオンラインセミナーのゲストやラジオ出演などのご縁をいただいた。浜松が気に入ったので移住1年後に一戸建てを購入。

2 首都圏出身の30代独身男性　⬇静岡県浜松市中央区

公務員として10年以上勤務。この先の人生のことで悩みぬいた末、自分の可能性にチャレンジする選択をする。好きな海とサイクリングを気軽に楽しめる環境で住んでみたかった。

都内の移住窓口で相談（静岡市・静岡県）。チャレンジしてみたい営業職などに自分で応募するなど積極的に転職活動をし、静岡本社の会社で浜松の営業所に就職が決まり、移住。

職場の人たちに屈託なく話しかけてもらえたり、世話を焼いてもらい嬉しかった。休日も職場の人に釣りに連れて行ってもらうなどお世話になっている。プロ野球ファンなので、たまに野球観戦で都内に行くのもいいリフレッシュに。課題は職場の人以外との女性との接点が少ないこと。

3 九州出身の30代独身男性 ⬇静岡県浜松市中央区

大学進学で上京。コロナ禍でフルリモート勤務になり、都内に住む理由もあまりなくなった。もともと出張が多く、ついでに新幹線が停まる地方都市に寄り、まちを歩くのが好きだった。そこで地方の地元の食の豊かさなどに惹かれた。

自分で足を運び、移住先を絞った。最終的には生活環境（雪が降らない、車がなくても住めそう、便利さなど）と東京・大阪へのアクセスの良さで浜松に決めた。決めた後、オンラインで移住相談し、東京大阪に容易に出やすい新幹線の駅近で、具体的に住むエリアを選定。

都内と家賃を変えずに物件を探したのでかなり広くなり、かつ便利だが静かな環境に満足している。近隣の街にも仲間ができ、休日は愛知や静岡辺りまで電車で出かけていき楽しんでいる。街中のゆったりさ具合も気に入っている。移住者同士で飲むのも楽しい。

4 60代夫婦 ⬇静岡県浜松市中央区

一般企業で働いていた間もずっと農業に興味があり、いろいろ調べる中で長野のヘーゼルナッツ農園に見学に行き、これだ！と決めた。無農薬栽培や、6次化にも取り組みたい。栽培関連のことは勉強していて、後はやるだけ。

オンライン移住相談を行い、市からJA新規就農担当につないでもらい、相談をした。結果、若いピーナッツ農家とつながり、見学や意見交換する中で研修受け入れが決定。現在は夢に向かって邁進中。

5　50代女性　➡静岡県賀茂郡東伊豆町

接客業を中心に様々な職場を経験し、ハウスキーピングの経験を積んだ。伊豆の温泉地が好きで、温泉に行ったときの現地の人の温かさも忘れ難く移住したかった。ゆくゆくは子供からお年寄りまでいろいろな世代の人が寛げ、地元食材をワンコインで美味しく楽しめて集まれる場をつくりたいと考えていた。

東伊豆で町のコミュニティー拠点をつくり活動していた地域おこし協力隊（荒武優希）に移住相談。移住へ自信を持って本格的に動き出した。

最初は観光ホテルの従業員での就職を決め、住まいを賃貸で見つけホテルの仲居の仕事に従事。仲居の仕事は接客業の経験もあり、職場では重宝され就職し1年ほどで責任ある立場に昇格。

しかし激務のため、会社に勤務時間の短縮を申し出て、空いた時間で荒武優希さんがつくった拠点で月1〜2回ほど「おばあちゃんち」という美味しいご飯が食べられるイベントで食堂運営のトライアルを始める。

街の商店街で「おばあちゃんち」を本格開業。

第4章

収入を上げる地方起業の鉄則

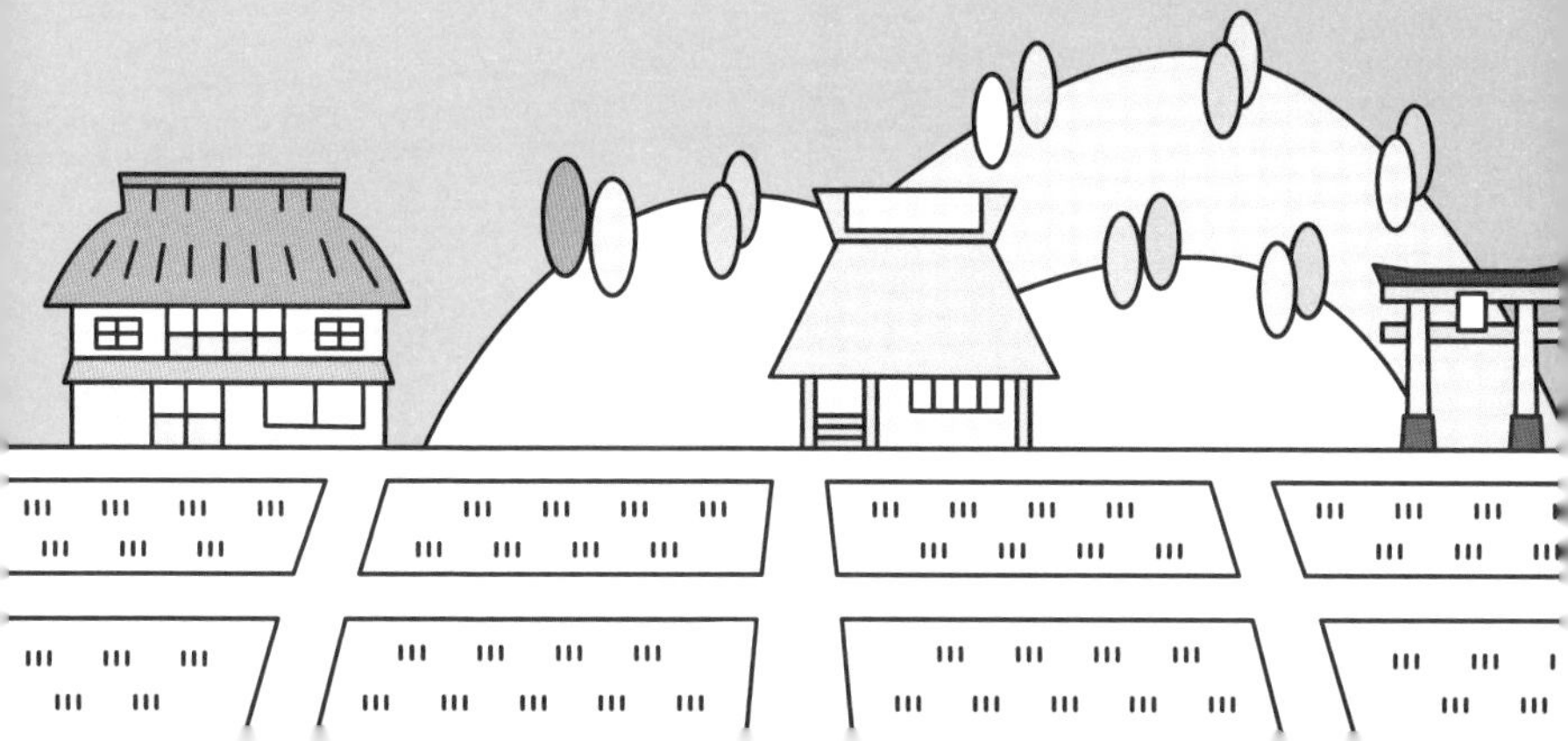

4-1

ケチると機会損失。専門家の力をはじめから頼れ

起業編でも書いたように、自分はいわば未経験の業種でいきなり法人成りしてしまったので、いくつもの試行錯誤を重ねました。

一つは様々な専門家の力を借りずに独自で会社経営を進めたことです。

現在は会計税務のことは税理士さん、雇用や社会保険については社会保険労務士さん、商標登録については弁理士さんといったように、多くの専門家と顧問契約を結んでいます。

しかし、当時はお金もなく、大概のことは自分でできるだろうという「根拠のない自信」を持っていたので、誰にも頼みませんでした。

開業からおよそ5年間、法人税の申告をソフトを使ってやっていました。

しかし、それは正しくない選択だったと言うことを5期目の申告をするときに気づかされます。

税務署から突然連絡が来て、「来週伺いますのでこれまでの領収書や請求書通帳等、全ての資料揃えておいてください」と言われたのです。

そうです、税務調査されることになったのです。

そのため、調査日前の３日間は徹夜しました。

恥ずかしながら様々な証票類の整理ができておらず、とっちらかっていたのです。

税務調査といえば、「追徴課税を課されるかもしれない」と不安になるものだと聞いていました。

ところがふたを開けてみたら、親切な税務官に対応していただき、「処理の仕方を次からはこうした方がいい」というようなアドバイスをいくつももらいました。

今でも覚えていますが、当時は売り上げの約8割から9割くらいが林業関係の補助金で占められていました。

補助金は会計処理上、雑収入に仕分けられます。

当社の場合、決算書を見ると本業でのいわゆる「売り上げ」がほとんどなく、雑収入でお金を稼いでるというふうに見えたわけです。

「本当にこの雑収入は補助金なんですか？　それを確認させてください」というのがそのときの税務調査の柱だったようです。

補助金は県や市町村から振り込まれるため、通帳や支払い通知等が明確に残っています。そのため、政務官は納得してくださいました。

ただ、あの緊張感とプレッシャーは二度と味わいたくないと思い、それから税務申告は「自分でやらない」と決意しました。今では税理士さんに頼んでいます。

一方で、初期の段階から頼った専門家もいました。

林業・製材業に特化した経営コンサルタントである古川大輔さんです。

当初伐採した木材は、原木市場に売りに行けば良いと安易に考えていたところ、伐採シーズンの繁忙期には市場の受け入れがタイトになり、売りたくても市場が受け付けてくれないということを知らなかったため、買い手が見つかりませんでした。

当然丸太が売れないと現金が手元になくなります。

そのときは窮地に立たされました。

そんなとき、古川さんの知り合いで、静岡県内で製材業を営む影山木材株式会社の影山秀樹社長が助けてくれました。

影山社長のご厚意で、売れなくて困っていた丸太を買い取っていただいたのです。

また、初めてのホームページ作成を古川さんの会社に依頼したことも良いご縁につながりました。

当時は林業ベンチャーというジャンルの会社が少なかったのですが、作成いただいたホームページが「静岡　林業」で検索すると上の方にヒットするようになったのです。

これによって認知され、採用にもつながる事例が生まれるようになりました。

さらに大きなチャンスを古川さんが提供してくれました。出版です。

『森ではたらく！　27人の27の仕事』（学芸出版）の27人の中に選んでいただくという名誉な機会を与えてくれたのです。

厳密に言えば著者編者は古川さんで我々27人は寄稿者という形でしたが、これも自分の起業人生の中で大きな転換となりました。この本が世に出たのは、移住と林業をテーマにした三浦しをん原作、矢口史靖監督の『Wood Job!（ウッジョブ）神去なあなあ日常』という映画の公開に合わせたタイミングでした。

この映画や原作で林業に憧れた人も多いと思いますが、実際にこの映画を見て本を読み、当社ホームページを検索して入社したという若者も出現したから驚きです。

いずれにしても、起業に際しては「各方面の専門家に頼る」ということで本業をバックアップしてもらえたり、スピード感のある成長につなげられることが多いと感じています。

費用を気にするよりも、機会損失をする方がもったいないでしょう。当初からある程度の予算を割いて良きパートナーを探してみてください。

4-2

見知らぬ土地で人脈ゼロからスタート。ビジネスフレンドはこうやってつくれ

移住者起業にとって不利な点は、なんと言っても人脈がゼロからのスタートになること。何をするにも孤独になりがちです。

一人で完結できる商品・サービスのビジネスモデルだとしても、協力業者との接点がないと、いちいち探したり迷ったりと時間も手間もかかってしまいます。

人脈構築とはよく聞く耳アタリの良い言葉ですが、これにはある程度の時間が掛かることを覚悟しましょう。

ただ、これに対する答えはシンプルです。

既存コミュニティーに参加する。

これに尽きます（新規コミュニティー立ち上げはその次の段階です）。

地域コミュニティーからビジネスコミュニティー、趣味コミュニティーに至るま

で様々ありますが、とにかく自分と関係のあること、自分の興味がある分野に関してはどんどん顔を出してみることが大切です。

【地域コミュニティー】

・自治会
・PTA
・こども会
・消防団

【奉仕活動団体・ビジネスコミュニティーなど】

・ライオンズクラブ
・ロータリークラブ
・日本青年会議所（JC）
・商工会議所青年部（YEG）
・法人会
・倫理法人会

・県人会
・同窓会
・その他異業種交流会

などがあります。これまで僕が目にしたり参加したりしてきた団体の数々ですが、実はお恥ずかしいことに、起業するまではこれらの団体について知らないことだらけでした。

また、これら以外にも任意の組織が数多あるでしょうから、自身の立場や認識が変われば出会いの種類や数も自ずと変わってくるということですね。

さて、僕は田舎暮らしを起点とし、地域コミュニティーから社会の海原へ出航し、徐々にビジネスコミュニティーへと人脈が広がっていきました。はじめは村の草刈りや祭りに参加したり、ゴミ出し当番を担ったり、自治会の移住促進委員を務めたりしました。

消防団にも10年近く在籍して、出動して何度も最前線で消火活動に従事したこともあります。コミュニティーとは少し違いますが、行政が開催するセミナーや講演会、各種イベントにも足繁く通いました。

面白いのが、いくつかのイベントに顔を出すと、そこで何度も出会う人がいたり、紹介したい人がいるからとつなげてもらって出会いが広がったりしていくことです。

そこで、ふとしたきっかけが人生を変えるような出会いにつながった事例を紹介します。

あるご縁で静岡木質バイオマス研究会（バイ研）という任意団体に参加することになりました。

僕はキコリ業をメインに起業し、伐採した木の有効利用を図るための一つの出口として針葉樹の薪を製造販売していたこともあり、木を燃料として使うこと、既存の重油など化石燃料から木質燃料に置き換えることをやりたくて仕方がありませんでした。

寒い地域や静岡と比べてより森林率の高い地域では温泉施設を中心に木質燃料の

社会実装事例が増えていましたから、静岡でも同じような事例をつくりたいと考えていたのです。そこで出会ったのが静岡市清水区で100年以上の歴史を持つ株式会社大功建設の大瀧社長でした。

大瀧さんとはほどなく意気投合し、清水のキコリが清水の木を伐り、清水の工務店が清水に家を建てるという企画をやってみようとなり、「興津川木の家プロジェクト」と銘打って実際に動き始めました。

2009年に起業してから4年目のことです。

このときのプロジェクトは、最終消費者との接点を持ちにくいキコリが、工務店を介してその家に住む施主さんとつながることができた、という点においてもソマウッドという林業ベンチャーがいわゆる林業の枠から半歩踏み出した瞬間でした。

普段森の中で働くキコリたちにとって、自分たちの伐った木が柱になり家になっていく様は、感動体験そのものでした。その後もご縁は続き、年に1棟程度のペースで、ヒノキをお施主さんとともに伐る「キコリツアー」が定番化していきました。

そんな嬉しい関係から次の展開が生まれました。

大瀧さんからお誘いを受け、**静岡で新しく立ち上がる異業種交流会の創業メンバーとして参画することになったのです。**

2016年のことです。そこでは今まで出会ったことも関わったこともないような多種多様な経営者の皆さんと交流することになりました。

憧れとも尊敬ともいえる想いで、自分より成功している先輩経営者から多くの学びを得ながら何とか食らいついていたところ、3期目の代表を任命されたのです。代表職を引き受けてからおよそ5年の時が流れ、また大きな出会いに恵まれます。その会に新しくメンバーとして加わった大石明弘さんです。

大石さんは清水でプロパンガス販売事業を営む老舗の3代目社長。話を聞いてみると、大石さんは学生時代にチョ・オユーというヒマラヤ山脈の8188m(世界第6位)を無酸素で登頂した強者だったのです。

アルピニストである大石さんと、キコリである自分、2人の共通項である「山男」をキーワードにそれこそあっという間に距離が縮まります。

僕が2011年の台風災害を経験して以来、地球規模の環境を意識するようになったことと同じように、大石さんが山々の氷河が徐々に溶けて減ってきている体感・見聞から発する危機感も共有できました。

大石さんのガイドで雪が残る富士山山頂火口部に出現する幻の巨大氷柱を見に行ったことでさらに関係が深まり、それぞれの事業を補完し合うように業務提携するに至ったのです。

業務提携についてプレスリリースしたところ多数の反応がありました。

これらの事例は振り返ってみると、縁をたどっていくと幸運に出会うわらしべ長者という昔話のようにも見えます。ただ、実際には既存コミュニティーに参加しただけでビジネスの発展が自動的に約束されるわけではありません。また、失敗例として、コミュニティーの持つ力を「紹介」による**販路拡大や売り上げ拡大に限定して捉えていると利己的な人物とみなされ、結果として信頼関係を構築できずに疲れ切ってしまうというのもよくある話です。**

では、既存コミュニティーに参加して成果を出す秘訣はどこにあるのでしょう。

ここでは五つのコミュニティー格言を参考にしながら考えてみましょう。

①　関係1番、ビジネス2番

②　与えるものは与えられる

③　金の卵ではなく、金のガチョウを探せ

④　早く行きたければ一人で行きなさい、遠くへ行きたければ皆で行きなさい

⑤　何を知っているか、誰を知っているかではなく、お互いにどれだけ知っているか

①は、はじめからビジネスでの成果を主目的に置かず、人間関係を築き上げることを目指すのです。

初めて出会った人からいきなり商品やサービスを勧められたらどう思いますか？　ほとんどの人はお断りするか相手の人格を疑ってしまうでしょう。

逆に、友人が購入したものや家族から勧められたものだったら即決してしまうことがありますよね。人間の購買行動には相手との関係性が大きな影響を及ぼすことを証明しています。

②は「与えるものは与えられる」を基本姿勢とすること。人は「自分のことを気に掛けてもらえて初めて相手の話を聞く」という特性があります。まず相手の話を丁寧に聞きましょう。そして自分のできること、貢献できることを探しましょう。

組織や団体で言えば、役職を引き受けることだったり、会合は休まず参加したりすることも立派な貢献となります。

自分の役割を全うし相手（組織）に貢献することが巡り巡って自分のところに返ってくるでしょう。短期的な成果（狩猟型）を求めるより、長期的な種まき（農耕型）に時間を注ぐことが大切です。

③の「金の卵より、金のガチョウを探せ」は直接的な顧客を見つけることより、顧客を生み出す仕組みを考えようという意味。コミュニティーに参加することでたまたま1〜2度の紹介を受けることはできるかもしれませんが、継続しなければベストな結果にならないはず。そしてその方法は④⑤にも影響を与えます。

④はアフリカのことわざと言われています。

大きな夢や目標を達成するには仲間がいた方が良いということを表しています。仲間づくりに関しては③⑤にも関連します。フリーランスの人や創業者はオールラウンドプレーヤーであることが多く、大概のことは一人でやれてしまう。

俗に言う「器用貧乏」というやつですね。

チームをつくるのは時間も掛かるし、手間も多い。それなら1人でやった方が早くてストレスも少ない。そう考えるのも無理はありません。しかし、もし達成したい夢や野望を抱えているなら、自分以外の力を借りた方が実現までの道のりが短くなるかもしれません。

もちろん、誰でも良いわけではありません。利害関係が一致するだけでも長続きしないでしょう。

大切なのは「想い」の部分です。つまり⑤何を知っているか、誰を知っているかではなく、お互いにどれだけ知っているかが重要です。

企業で言えば、理念やビジョンがそれに該当します。想いに共感してくれる人を探しましょう。そしてあなたが共感できる人と手を組みましょう。その人はビジネスパートナーという枠を超えてライフパートナー、つまり生涯付き合える親友とも呼べる存在にもなり得ます。

結論、コミュニティーへの参加はまだ見ぬパートナー探し。

種をまき水をやるように時間をかけて人間関係を育てることが唯一無二のパートナーと出会うために必要な行動です。本当にリスペクトし合える仲間とチームがつくれたなら、そこからビジネスは加速していきます。

ここで一つ注意したいことがあります。

事業を営む上で理念やビジョンを明確に語ることができますか？　他人から共感されるには、自らの夢を文字や言葉にして表現しないと伝わりません。ただ売り上げを上げたい、例えば「今期の売り上げ目標1億円です」というような金銭的側面の目標だけでは相手の心に響きません。

なぜその売り上げが必要なのか。それが達成できたら、あなたの夢にどう近づけるのか。特に仲間を募りチームをつくるのであれば尚更です。あなたの旗印は何なのか、どうしてその旗を掲げて振っているのか、その部分を深掘りすることが大前提となります。あなたの旗印が魅力的であれば、その旗の元には仲間が集まってくることでしょう。

4-3

ユーチューバーへの道。地方こそ動画コンテンツの発信はマスト

僕自身は2020年12月にチャンネル開設し、1年と少しで登録者数が1000人を超えました。そこから3ヵ月ほどで倍の2000人に到達、執筆中の2年目を過ぎたころに5000人を突破しました。

おそらく、始めたのも早くなければ増加数のペースも決して早くはなく、戦略的に取り組む法人のチャンネルとしては自慢できるような代物ではありません。

ですが面白いことに、地方でYouTubeチャンネルを運営していると、「ユーチューバーなんだってね?」と声を掛けられることが多々あります。

YouTubeからの広告収入が事業売り上げの柱であるなら、ユーチューバーと呼ばれるべきですが、実際現段階で得られる収入は、月額数万円も行けば良い方でしょう。「副業としてなら納得できるかも?」と思いきや、投資している労力や経費

著者のYouTubeチャンネル

でいえば、とても回収できるレベルではないのです。

ではYouTubeチャンネルを開設し、発信を続けている理由は何なのか。

それは、動画コンテンツの強さと可能性を感じているからです。たしかに自分には子供のころから目立ちたがりの性格がありますので、実名や容姿を世間にさらすことにさほど抵抗を感じないという点で向いているといえば向いています。

きっかけは些細なことでした。

はじめは視聴者としてYouTubeの魅力にとりつかれたのです。

特に魅了されたのは「気まぐれクック」に代表される調理系ユーチューバーとホリエモンこと堀江貴文さんのチャンネルです。

学生時代に料理人に憧れていた僕は、魚を捌き食べるまでを楽しそうに発信している動画をどれだけ観ても飽きませんでした。堀江貴文さんのチャンネル「堀江貴文　ホリエモン」では、独自の視点で世間のニュースをズバズバと解説する構成に、納得したり感心したりしていたのです。

そこから徐々に視聴の対象を広げていき、様々なジャンルで活躍するユーチューバーの存在に気づきました。視聴者としての興味と同時に、どうしてこの人はYouTubeをはじめたのかが気になるようになり、いつの時点でスタートしたかをチェックしてみると、多くのユーチューバーはコロナ禍前後に始めていることがわかりました。

既存の枠組みで困難な状況になることはもちろんあったにせよ、新しいチャレンジとしてYouTubeを選んだ人がこんなにもいるということに感銘を受けたのです。

そうなると、やりたくて仕方がなくなるものです。

誰から勧められたわけではなく、自分の中から沸き起こった情熱ほど長続きしたり、主体的に取り組めることはないですから。

僕のやり方は、はじめから分業スタイル。

専門家の力を頼ろうということで、ある事業で一緒になった、SEOライティングや動画編集などの万能型フリーランスとして活躍している「りょうかん」こと岡田良寛君に、動画の編集とプロデュースを依頼することにしました。

チャンネル開始直後は、堀江貴文さんのようにニュース解説に取り組んでいました。

再生可能エネルギーや林業など、とにかく自分の興味の対象を手当たり次第にネタにしていたのです。結果は1ヵ月間ほぼ鳴かず飛ばず…。

そこで良寛君から視聴者のニーズと僕のキャラが重なる部分をテーマに動画をつくろうという提案が出ます。

YouTube内の検索キーワードを調査し、「焚火」「薪割り」「キャンプ」「バーベ

動画例

キュー」といったワードにそれなりの需要があることがわかりました。

　そして二人で1日かけて9本の動画を撮り溜めたのです。その中の一つ、欧州から輸入した薪割り機の動画が初めてバズることになります。

　まさにターゲットとなる視聴者層と自身の強みが重なる部分で結果が出ました。その後も紆余曲折ありながら細々と続けて、2022年の年越しに合わせるように、元社員の年収がヤバすぎるという動画が記録を更新、驚きの25万回再生にまで至りました。

　さて、では僕はどこを目指しているのでしょうか。このまま登録者数を伸ばして、名実ともにユーチューバーになること？　違います。これまでの事例からの学びは、

(1) 価値の発信、価値観の共有

(2) 地方には未だ隙間がある（欲しい情報が欲しい人にちゃんと届いていない）

この2点でした。

SNS活用の目的は自社の価値観を共有できる人に情報を届けること。

それによって自分の夢や希望を叶え、なりたい姿・在りたい社会に近づけていくことだと思うのです。これを確信したエピソードがあります。

チャンネルで最もバズったのは元社員へのインタビュー動画ですが、実は現社員へのインタビュー動画も投稿しています。

この二つの動画によって、自社の魅力や価値観が、届けたい視聴者へ本当に届いていることがわかりました。ソマウッドで働きたい、と求職者からの問い合せが生まれているのです。

第5章

地方ビジネス成功の秘訣を知る

ローカルベンチャーに転職。暮らしの中に狩猟を取り入れる

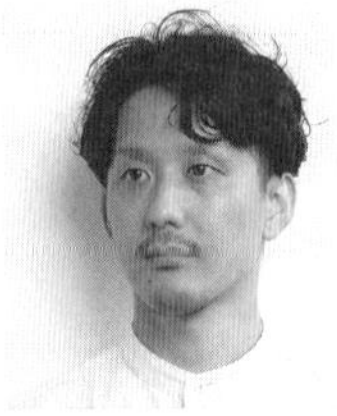

羽《は》田《だ》知《とも》弘《ひろ》

岡山県西粟倉村《にしあわくらそん》

１９８９年生まれ愛知県津島市出身。三重大学を卒業後、国産材専門の木材商社・住友林業フォレストサービスを経て、西粟倉村へ移住し7年目。くくり罠の猟師。岡山県・西粟倉村の材木屋「西粟倉・森の学校」営業部長。

２０１５年から岡山県・西粟倉村に移住し、材木屋「西粟倉・森の学校」勤務。営業部長としてＢ２Ｃ分野を担当。無垢フローリングなど住宅用内装材を中心に、国産材に特化したモノづくりに取り組む。

「自分が食べる肉くらい自分で獲って捌けるようになりたい」と岡山・西粟倉村に移住した２０１５年に狩猟免許（わな猟）を取得しました。現在は猟師7年目。材木屋で働きながら、平日や週末のスキマ時間を利用してくくり罠猟を実践。

２０２０年７月から家の庭でニワトリを飼育し始め、２０２１年10月現在は第１世代の卵を孵化させて計23羽を飼育中。放し飼い飼育で毎日産んでくれる卵を楽しみ、スーパーマーケットで卵を買うことはなくなった。最近はかわいくて半ペット・半家畜に。

（所属・肩書は執筆当時）

岡山県北に位置する人口１４００人の西粟倉村で生活している、羽田知弘です。住宅用内装材などの製造・販売を主力事業とする「㈱西粟倉・森の学校」で営業部長として働いています。

その傍ら、週末を中心にくくり罠の猟師としても活動しています。

久米さんとは知り合って10年になります。

私がまだ大学生だったころ、林業・木材の勉強会を通して知り合いました。久米さんは川上の森林施業側、私は川下の木材加工・販売側です。

静岡と岡山と活動する地域も異なります。

とはいえ、同じ志を抱き、ビジネスを追求する仲間です。地域に根差し、自ら事業を興し、山と真剣に向き合う姿勢を尊敬しています。

私はプロの猟師ではありません。

狩猟免許を取得して7年が経ちますが、技術も経験も素人に毛が生えた程度です。年間捕獲数300頭を越えるプロ猟師もいますが、私はせいぜい年間捕獲数20～30頭程度です。

ただ、趣味だと割り切り狩猟に打ち込んでいるわけでもありません。

生業と趣味の間にビジネスチャンスが存在すると考えています。

その仮説を検証するべく山をフィールドに試行錯誤を繰り返しています。

狩猟、地方移住、中山間地での事業開発に興味のある人の背中を少しでも押すことができれば嬉しいです。

私は1989年生まれ愛知県出身です。

三重大学で林業を専攻した後、東京の木材商社に就職しました。就職して1年と経たずに退職し、学生時代に知り合った西粟倉・森の学校で就職するべく西粟倉村に移住しました。

移住時にシェアハウスで同居していた友人が猟師だったことがきっかけで狩猟免許を取得しました。

借りた畑で野菜を育てるような軽い気持ちで「自分で食べる肉くらい自分で獲れるようになりたい」と狩猟を始めました。

猟師と一口に言っても、捕獲する獣も方法も様々です。猟師といえば熊や銃のイメージが強いですが、私はくくり罠と呼ばれる仕掛けで鹿や猪を中心に捕獲しています。

獣が頻繁に通う獣道を見極め、獣に気づかれないようにくくり罠を地中に埋め込み、罠を踏ませることで捕まえる方法です。

獣を求めて山奥に攻め込んでいくのではなく、人里に降りてくる獣を待ち構えて獲るスタイルと言えます。

平日の日中はビジネスパーソンとして勤務していることもあり、猟師としての活動は週末が中心となっています。そのため、時間が限られています。

プロ猟師として狩猟1本で生計を立てる気概はありません。

だからこそ、以下のルールを設定して狩猟に取り組んでいます。

①週に8時間までしか狩猟に時間を費やさない
②自宅から徒歩圏内（半径1㎞ほど）にしかくくり罠を設置しない

土日にまとまった時間を確保し、2〜3時間かけて山に入りくくり罠を設置。平日朝や夕方の30分で罠の確認や微調整をしています。

狩猟に費やす時間を週8時間に設定し、狩猟範囲を自宅徒歩圏内に設定することで効率的に見回りができるようにしています。

人口1400人、森林率95％、信号2本、コンビニすらない中山間地の村なので、先ほど説明したようなスキマ時間の狩猟でも年間20〜30頭は捕獲することができます。

有害鳥獣に指定された鹿や猪を捕獲すると国・県・地方自治体から捕獲報奨金が

もらえます。

西粟倉村の猟友会の場合、鹿の成獣1頭で捕獲報奨金合計が2万円を越えることもあります。くくり罠が面白いのは自分が眠ったり遊んだりしている時間でも獣が罠を踏むことで捕まえられる点です。

自分が働いていなくてもお金が生み出せるということですね。

週8時間の稼働で鹿1頭を獲り、2万円の報奨金が手に入ると考えると、田舎の人工《にんく》としては悪くはありません。

狩猟免許の取得は難しくありません。初期投資は免許取得費用や罠代など数万円程度のものです。山を歩き回る元気な身体さえあれば誰でも始めることができます。

地域差のある報奨金に依存してしまいますが、田舎の副業としての狩猟は大きな可能性を感じています。


他には、猟師の傍ら獣肉解体施設を運営してジビエを販売する友人もいますし、鹿や猪の革をなめして革製品を販売する作家の友人もいます。

報奨金（補助金）は時代とともに制度が変わるため、いつなくなるかわかりません。ただ、今説明したように、それだけに依存せずにお金を生み出す方法はいくらでもあります。

我が家ではニワトリを20頭ほど放し飼いで育てています。

毎日新鮮な卵を産んでくれるのでスーパーマーケットで卵パックを買うことはなくなりました。野菜くずはもちろん、人間が食べない鹿の端肉や内臓は餌として食べさせています。獣肉をはじめ良質なたんぱく質を摂取すると卵の旨味が増して美味しくなるんですよ。

そしてニワトリのフンや卵殻は畑の肥料として活用しています。動物や自然との関係性を整理すればゴミが資源になり循環します。「田舎に仕事がない」は思い込みです。就職先は少ないかもしれませんが、個人商店をはじめ「個人事業主＝フリーランス」として生計を立てる人は都市部よりも数多くいます。

その人たちは自ら仕事をつくっているだけなんですよね。狩猟も同じです。組織に所属して自分の時間を換金するだけではないお金の生み出し方が見えると視界が一気に広がります。

女猟師、林業会社に就職。事業承継し代表取締役に

原 薫 長野県松本市

1973年神奈川県川崎市生まれ。大学卒業後、木挽き職人に魅せられ「木」の世界へ。ご縁あって森林組合に就職し、山奥の静岡市井川にて林業、狩猟を中心とした山暮らしを始める。3年後長野県伊那谷にて元信州大学の島崎洋路氏に弟子入り。残念ながら島崎先生と山に入る機会はあまり持てなかったが、伊那時代に炭焼きの現夫と出会い松本に移住。翌年に結婚し、夫の炭焼きを手伝いつつ一人親方の下で林業に従事。2003年柳沢林業入社後は月～金に林業現場、土日に狩猟・採集という日々を送る。途中ヨガにはまり、1年間林業を離れ、ヨガスタジオを開くも、再び林業に戻る。前年に法人化した柳沢林業を2013年事業承継し代表取締役に就任。「信州松本平の豊かな風景をつくる」をコーポレートメッセージに掲げ、山の多様な価値の創造と林業の六次産業化を通して、新たな林業の可能性を模索し始める。2017年一般社団法人ソマミチを設立し、木材流通の川上から川下までが連携を組み、持続的な森林の多様な価値を次世代につなぐことの意義を共有し、「木を使う社会の仕組みづくり」を目指す。2016年農山漁村地域次世代リーダー農林水産大臣賞受賞、2015年～2017年林政審議委員、2021年柳沢林業GOOD DESIGN賞受賞。

▼木の文化を受け継ぐ職人になりたい

生まれは神奈川県川崎市で、緑が少ないところでしたが、幼少期にはまだ田畑があり、毎日、外で駆け回っていました。

中学はもっぱら部活動（ハンドボール）に明け暮れ、元日以外３６４日練習の日々。林業の現場で働く体力はこの頃に培われたと思われます。

高校に入って環境問題に関心を抱いたことで、大学は農学部に進学しました。そこで後の人生に大きく影響を与えた「樹木学」に出会い、日本に生育する多種多様な樹木を先祖たちがどんな使い方をしてきたのかを知ります。

化石燃料のなかった時代、私たちの祖先は多様な樹木の特性を活かして見事に様々な道具・器具に使い分けていました。その知恵に触れ、興味を覚えたのです。

大学卒業後、環境教育の道に進むべく教職の資格をとる勉強を始めたのですが、そのときに「東京・新木場最後の木挽き職人」と言われた林以一さんの『木を読む―最後の江戸木挽き職人』（小学館）と出会います。

環境問題にどう取り組んだらいいか迷いがあった私は、長年「木」と向き合ってきた職人の珠玉の言葉に触れ、古来、日本には木の文化に象徴される「山と人とが生かし生かされる」関係性があったことを知りました。

そして、それを伝える林さんの存在があまりにかっこよく感じられ、「自分も木の文化を受け継ぎ体現する職人になりたい！」という衝動にかられてしまいました。

▼都会の小娘、山の世界へ

当時22歳の私は、教職のための学費を捨てて「木の文化を継承する職人」になるために木工の学校「たくみ塾」を訪ねますが、修行期間の2年分の生活費の用意と入学試験合格が条件と塾長に告げられます。

「まずは稼がねば！」と考えていた折、大学の樹木学実習でお世話になった演習林の技官さんに森林組合の仕事を紹介されます。

稼ぐのが目的とはいえ、木工にも関係がある林業の仕事。

しかもこの技官さん、山奥の村に生まれ育った山を知り尽くしたマタギのような方。「いくらでも山遊びに連れてってやるよ」。林業よりお金より、その「あま～い!?」言葉に惹かれたのは事実です。奥地の山村なので親に不安がられましたが、私は井川行きを決めます。

晴れて静岡市にある井川森林組合に就職した私は、日中は労務班のじいちゃんたちと現場で伐出の作業をし、夕方事務所に戻って管理業務を行う毎日を過ごします。

ここから始まった私の林業人生。かれこれ二十数年経ちますが、私の林業のベースはほぼ全て井川にあるといっても過言ではありません。

その多くは現場で一緒に汗を流したじいちゃんたちから学んだこと。じいちゃんたちは言うなれば「山」の職人。チェーンソーや重機がない時代を知る最後の世代であり、最高齢は大正生まれの79歳。実際にその姿を目の当たりにしたときのかっこよさは、本の中の林さんの比ではありません。

山を誇りに生きるじいちゃんたちとの井川での3年間は私の人生の宝物です。

今振り返ると素材生産業務の全てを経験できたのは幸運でしたが、肉体的には「超」ハードな日々でした。危険度も高く、まさに3Kの極地。

しかし、それを乗り越え数年たったとき、あることに気づかされたのです。

樹木学～木挽き職人～素材生産。ここに貫かれているものは「木を活かす」ということ。どうやらこれが私の使命の一つのようだ、と。

▼静岡から信州へ

その後、居を信州に移した私は1年後に炭焼き職人と結婚。

夏は林業・冬は炭焼きの手伝いという生活を送りつつ、3年後に「柳沢林業」と出会います。それからは週6日林業の現場で働く毎日。猟期には、週5日は林業現場、週末2日は出猟。自分でも呆れるほどの体力でした。

そんな中、どうしても腑に落ちないことがありました。

静岡時代、扱う木はスギ・ヒノキであり、そこそこ高値で取引されていました。しかし、ほとんどスギ・ヒノキのない信州松本で扱われているカラマツは地元の製材所が買ってくれないため、県外に運ばれていたのです。

「カラマツが生きる道はないものか……」。それを探りたくなりました。「木を活かすことが使命」ですから。

この頃から週3~4日の出勤にさせてもらい、カラマツの活かし方だけでなく、家づくりのことを学んだり、日本中の森林や篤林家を訪ねたりするようになりました。

そんな充実した日々の中、なぜか現場でのケガが続きます。

「どうして？　林業辞めろってこと？」……かなり凹みましたし、本気で辞めることも考えました。

そんなときにちょうどヨガと出会い、一気にその世界に導かれた私は、1年後にはインストラクターとしてスタジオを開設し、2年程どっぷりヨガに浸かっていました。ヨガは本来、仏教の修行法の一つであり、深めていくことで「生きる目的」に気づくことができるとされています。

ヨガには「すべてとつながる」という意味もあると教わりました。

私自身、ヨガを通じて「自分自身とつながる」ことで生きる目的を思い出すことができましたし、あらゆるものとの「一体感」を得たことで、この上ない幸福感に包まれる体験もしました。後に林業会社の社長となる私がこのヨガとの出会いで得られたことはまさに「必要必然」でした。

それは「真我（魂が願っていること）」に気づけたことと、「丹田力《たんでんりょく》」です。真我や生まれてくる理由、死ぬまでに何をするのかがわかると、ブレなくなります。さらに丹田力が強化されると決断力や実行力が備わります。同時に、ヨガによって雑念を手放せるようになり、こだわりが減って柔軟性や対応力がつきました。私にとってヨガは、「社長になるための短期合宿トレーニング」のようでした。

もう一つ、ヨガから林業に戻って気づいたことは、「感じる」ことができるようになったことと、「肩の力が抜けた」ことです。

それまでの私は感じる前に頭で「考えて」森林を見ていました。そしてとても「頑張って」いました。

自分の頭で考えているうちは自分の能力以上のものは出てきませんし、頑張ることは「我を張る」ことでもあるといいます。私は自分を手放して「感じる」ことができるようになってから、大いなる力を与えられる感覚や自然と道が開かれていく感覚を得られるようになりました。

▼林業会社の社長になる

前社長に跡取りがいなかったこともあり、70歳を前に私への事業承継の打診がありました。

不思議とあまり不安は感じず前向きに考える自分がいました。夫には素晴らしい経営者の方々とのご縁があり、彼の話を聞く中で「いい経営とはどういうものか」を何とはなしにわかっていたからです。社長を引き受けるときに決めたことがあります。

それは、「社員みんなが持っている可能性を最大限発揮できるような環境をつくる『代表世話役』になろう」ということでした。

ただヨガのおかげで丹田力が備わった私ではありましたが、零細な規模とはいえ、経営の「いろは」もわからないような状態で、社長就任後は毎日不安でした。

明文化されていなかった理念や行動指針などを整備したものの、それをどのように社員に落とし込んでいくのか、疎かになりがちだった安全対策をどのように進めたらいいいか、財務のことはおろか、とにかく社員との向き合い方をどうしたらいいか戸惑い続けます。

朝礼に出るのが怖くて布団から出られない日も多々ありました。減り続ける会社の通帳の金額を見ながら、脂汗が噴き出す日もありました。会長に相談せず事業の進め方を変えたことを朝礼の場で咎められたりして、就任して半年から1年はストレスのピークでした。大好きな山の現場に行くこともできずに事務所に座り続けていることも心身にダメージを与えていました。

そんな中、肩と首回りの張りに耐えられなくなって訪ねた治療師の先生に、「大変な日々を、ストレスを感じず淡々とこなせる意識状態に整えること」の大切さを教わります。「え？　丹田力は？」……そうなんです。忙しすぎてヨガで習得したこと、すっかり忘れていました。

それからというもの、「自分を整えること」を何よりも最優先し、習慣化させていきました。多くの経営者が座禅や瞑想をしているようですが、その理由がよくわかります。社長になって5年程は休みがない状態で、家事もほとんどできませんでした。特に掃除をする時間が取れないことがストレスになっていました。

それでも「代表世話役」……。猟で獲れた肉を鍋にして社員に振る舞ったりして、今思い出してもよくやってたなと自分を褒めてあげたくなります（笑）。

6年目ごろには肚も据わってきて、相当なことがない限り驚くこともなくなりました。時間的にも精神的にも余裕が出てきて、家事をする時間も週末に持てるようになりました。

残業をしないと決めたころからは、帰ってから夕飯をつくれるようになり、それが何よりの幸せだと実感したことを、今でもはっきり覚えています。

▼木材利用に共鳴する仲間たちであふれる一般社団法人ソマミチ

理想的な山づくりや木材の活用をするために製材所との連携を模索していたとき、持続可能な山づくりをベースにした木材利用に共鳴する仲間と次々出会い、川上から川下まで、実に理想的なチームが結成されました。それが2017年に一般社団法人として発足した「ソマミチ」です。

「ソマミチ」の理念は「ソマ（杣）の道から、始める暮らし」――それは「人間（都合の）基準」から「山基準」への価値観転換の提案です。

東日本大震災を経験し、多くの方が「何かを変えなければいけない」と感じ始めましたが、何を変えればいいのかわからないという現状に対して、根本的なマインドセットの転換を提案したのです。またソマミチが提案する「山基準」とは、古来日本人に当たり前にあった概念「自然（ジネン）」であることも伝えます。

▼「じねん（自然）こそ山（＝森林）の思想の原点」

「自然」には「じねん」と発音し、「しぜん」とは異なる意味があることをご存じでしょうか。

「しぜん」は英語の「nature」を訳すときに「自然」の字を当てたところから、現在一般的に解釈される「自然環境」という意味で捉えられるようになりました。対して「じねん」とは、「人間自身もその一部である」という考え方としての「自然」です。

あえて「自然環境」という書き方をしましたが、「環境」には「境」という文字が含まれているように、人間と自然の間に境を設けた考え方が反映されています。キリスト教主体の欧米では人間も自然も神の「創造物」であり、そこには神→人間→自然の順に序列がついています。

そして産業革命によって森林は破壊され、その後、環境破壊の反省に立って自然保護活動が盛んになりました。両者は相反する活動に見えますが、どちらも「人間より下位である自然はコントロールできる対象物」という概念に基づいているといえ、根本は一緒です。

一方「じねん」とは、「人間も含めて、生物・無機物を問わず万物に神が宿る」という自然観です。

いのちの水は山から生まれ、その水を治めることで日本は発展してきました。しかしそれは森林の破壊ではなく、棚田に象徴されるように、山を保全し、自然災害を防ぐものでもありました。

人間も自然の一部として存在し、その自然を生かして棚田にすることでまた生かされてきたのです。

炭焼きも伐採と萌芽更新との循環の中で持続的にエネルギーを生み出す「じねん的」営みでした。

近代化・都市化していく過程において、私たちはすっかり山の思想＝「じねん」を忘れ、欧米的な価値基準によって自然をコントロールする対象物にし、結果、想定外の災害に右往左往しています。

コロナウィルスの出現もあり、これからの時代、何を指針として生きていけばいいのかわからない方も多いかと思いますが、欧州で言われている「グリーンリカバリー」に代わって日本から「自然（じねん）」という概念を発信していきたいと思います。

出典：「『森林科学』95：16－20」より作成

夫婦で移住、革細工工房を立ち上げる。自然エネルギー100%で暮らす

辻《つじ》榮《え》 亮《りょう》　千葉県睦沢町

2010年、葛飾区にて「総天然素材革工房 革榮」を設立。究極の循環型レザープロダクト「土に還る革製品」を世に送り出す。2019年より千葉県睦沢町へ移住。敷地内PV&V2Hを運用し再エネ100%操業を達成し「再エネ100宣言REAction」へ加盟。2020年には県内の獣害残渣を有効活用すべく「チバレザー」へと生まれ変わらせる事業に着手。
事業の一環として一般家庭への再エネや関連機器、EVの導入・試算も行う。2021年には災害時のEV・V2H有効活用のための住民連携の仕組み構築など様々な主体を巻き込んだ活動も展開。こうした自身の取り組みを広げるため、千葉に特化した地域商社にすべく同年8月1008（せんのは）株式会社を設立。

趣味の革を生業にするため2010年、東京都葛飾区にて「総天然素材革工房革榮」を設立しました。皮革原料だけでなく使われる副資材まで全て天然素材を使い地球に負荷を与えない究極の循環型プロダクト「土に還る革製品」を販売開始したのです。

各地で行われるクラフトイベントや百貨店への出展等で地道にコアファンを獲得しながら環境改善への啓蒙活動を行いました。

その際、「難しいことを考えなくても環境配慮型のプロダクトを使うことで貢献できる」ということや、「機能も含め外目には変わらない使い勝手で小社の製品を選ぶことで地球環境に貢献することができる」と提案してきました。

2016～19年、究極の循環型プロダクト「土に還る革製品」を創る地として千葉県睦沢町を選びました。

理由は妻の「ボディボードをしたい」という願いを叶えるためでした。移住を考え始めた2016年ころ、千葉県で唯一自治体が主導し、新電力の会社を設立していたというのも後押しとなりました。

しかし居住のための土地を2年探しても見つからず、非常に苦労しました。素性がわからない人にはなかなか売りづらい、そして、先祖代々の土地を売ることに躊躇してしまうというのが、理由だと思います。

追い打ちをかけるようにもともと住んでいた都内の家が先に売れてしまいました。とりあえず隣町に仮住まいを見つけ、「もう移住しよう！」と前倒しで移り住んでしまいました。

2018年ごろようやく土地が決まり、屋根の上に太陽光パネル（PV）、所有していた電気自動車（EV）と合わせて再エネ100％の暮らしを目指した住宅を設計。

自宅は建坪23坪とコンパクトながら屋根は片流れを採用し、13kW出力という一般住宅の平均出力の3倍程度を実現させることができました。

2019年の房総半島にきた台風に自身も被災したものの、PVがあったため、日中は自家発電することで、自宅で過ごすことができました。夜間は昼のうちにEVへ充電しそこからドラムコードを引っ張り自宅へ給電しました。

充電されたEVの電力で寝室のエアコン（100V）と冷蔵庫、LED投光器、井戸水のポンプの稼働に必要な電力を賄うことができました。

幸いにしてこのとき、当該地区は3日ほどで復旧とアナウンスがあったので町内に大きな混乱はなかったのです。

移住して間もなくの被災でしたが、「我が家にはPVがあり電気が出せる、地下水なので断水の心配もない、スマホ充電や飲料水をとりに来て大丈夫だ」とご近所さんに伝え、地域のために役立てることを実感しました。

意外にも、当地は特急だと東京駅までジャスト1時間という立地もあり、相当数の都内通勤者がいる地域でもあったのです。やはりサーファーの方が多い気がしますが、世代問わずちょうどいい田舎感があるのかもしれません。

前述の通り特急電車で1時間、車でもアクアラインなどを使えば横浜や都内方面どちらからでも1・5時間程で着くのはいいかもしれないですね。

工房はV2H（EVに貯めた電力を住宅へ給電するための装置）導入後、年間を通しほぼオフグリッド（電力会社から電力を購入しないこと）状態で過ごせています。

ちなみに、PV年間発電量は約1万6000kWhで自家消費率は160％程度、全量は使い切れず余剰電力は東電に売電しています。

地震の報道を見るにつけ、「PV＋V2H＋EV」の有用性を感じています。

田舎は過疎が進み、ガソリンを入れに行くのも片道数km、中には20km先という話も聞きますが、EVであれば自宅のコンセントに挿すだけです。

100Vでも充電可能で、200Vのコンセントがあれば理想です。

コンセント工事は多くの場合10万円以下で可能です。

さらに我が家のようなシステムが組めれば、災害時の電気はもちろん平時でも節電や節約効果が期待できます。

2020年からは移住先で知った獣害問題解決のためにチバレザープロジェクトを起案し、2021年、将来的に千葉の全てにコミットする千葉特化型の総合商社を目指す会社として「1008（せんのは）株式会社」を設立しました。


獣害の問題は全国各地で深刻な農業被害を生み出しています。

農林水産省の報告によると令和3年の被害額は全国で155億円となっており、獣害対策なしに農業を語ることは難しい状況とも言えます。

一方で駆除した野生動物の利活用は進んでおらず、一部がジビエとして食用に流通し、ほとんどが廃棄されています。チバレザーでは、駆除した野生動物を食肉として流通させることと連動して、完全に廃棄物とされていた猪や鹿の皮を使った製品開発を進めているのです。

嬉しいことに、チバレザー事業は2022年にクラウドファンディングにてプロモーションを行い、目標金額に対し達成率133％となり大成功をおさめました。

同年2月には熊谷千葉県知事とも面会し、チバレザーを県内資源として活用する道しるべを創造中です。

チバレザー事業を軌道に乗せ、今後はＥＶ、再エネ住宅などを総合活用するエネルギー事業、それらを未来世代に伝える教育事業など多岐に計画していきます。

55歳で早期退職した父、屋久島の海にほれ込んで移住。自宅はセルフビルドで建てる

久米《くめ》理生《まさなり》　鹿児島県屋久島町

1949年　愛知県知多郡東浦町に生まれる
1971年　南山大学経済学部卒業
1973年　結婚、愛知県春日井市の高蔵寺ニュータウンで所帯を持つ
1975年　長男誕生
1976年　石川県金沢市に引っ越し
1977年　次男誕生
1980年　富山県射水市に引っ越し
1981年　豪雪にたまげる
2000年　大阪府箕面市に引っ越し
2004年　退職
2005年　富山県職業能力開発センター木材工芸課修了
2005年　屋久島に移住　自宅建設を始める
2010年　新居に引っ越し現在に至る

我が家は子供も親も含め、家族全員移住組となりました。

そんなふうに育てた覚えは全くありませんが、自分の親（祖父）の教育方針の影響でしょうか。子供のころおやじから言われたのは「希望すれば大学までは親の責任で行かせるが、その先は自分で決めて生きていけ」でした。「世界の果てに行っ

てもいい」とも言われました。その辺りの顚末を振り返ってみたいと思います。

あるとき、私は転勤で故郷を離れ富山で暮らすことになりました。

北陸時代に海遊びを始め、子供たちが小さいころは砂浜で、やがて岩場へと海中の世界にはまっていきました。実は私は泳げないのです。

それは、小さいころに周りに泳げる場所がなかったためです。

そして、学校にもプールはなく、泳ぎを知るすべがなかった世代です。それが、シュノーケルに出会ってから一気に世界が広がりました。

さらに、子供たちをスイミングスクールに通わせ、遊び場を広げていきました。

我々が「能登黒崎」（能登半島の輪島の手前）と呼んだ岩礁に毎年通うようになり、やがてこんな場所に暮らしたいと思うようになりました。40代のころです。

そして、夢が生まれたのです。

そのころは余裕がないながら、仕事は順調だったので、「定年後にはこんなところに住みたい」というものでした。

50歳のとき、思いがけず大阪転勤の辞令が出て、箕面市へ引っ越しました。

子供たちは既に家を出ていたので、あまり悩まずに赴任しました。
妻は都会暮らしを楽しんでいたようですが、自分は相変わらず余裕がありませんでした。それでも、きれいな海辺に暮らしたいという夢は忘れずに紀伊半島と四国の太平洋側を休日に周遊しながら移住先を探していました。

北陸もいいけど、歳をとったら寒さがこたえるだろうと、だんだん南の方へと目が向いていきました。いろいろ探して屋久島に当たりました。とにかく行ってみようとなり、土地探しで島内をウロウロしましたが、ピンとくる場所に巡り合えませんでした。

半分あきらめかけて、屋久島の外れにある辺鄙な林の中を歩いて行くと、突然、視界が開けそこには海が広がっていたのです！　妻が「ここだよ！　父さん！」と言ったのをはっきり覚えています。

それが、今暮らしているこの場所です。

私は、土地探しは直感が大事だと思っています。ここから我々の移住物語が具体的に始まりました。土地が決まったら、次は家です。素人ながら島の住宅建設事情を調べましたが、思わしくありません。離島のハンディキャップは大きく、本土並みには難しいし、信頼できる大工さんに巡り合えるかもわからない。予算も余裕がありませんでした。いろいろ思い悩む中で出てきたのが、「自分で家を建てる」でした。どんな建物を建てるのか？　建てられるのか？　行きついたのがドームハウスです。

理由は、

①　最少の材料で建てられること。ドームハウスを提唱した現代のダ・ビンチともいわれるバックミンスター・フラー博士の「最小で最大を」の実践です（材料費が最少ですむ）。

②　プラモデルのように3種類のパーツをつくれば構成できる。

これらは素人には魅力的でした。

とはいえ、ドームの特殊な角度と寸法はその道の実践家であるAさんに基本設計をお願いしました。とても自分ではできないと判断した部分です。

こうして方向が決まり、切りのいいタイミングで会社を辞めました。

定年まで勤める選択もあったけれど、60歳からでは体力的な不安が大きくなってきたためです。自分の気持ちに素直に従ったのは正解だったと思います。

55歳でしたが、子供たちも独立し、妻も自分のわがままを受け入れてくれました。

そして、さすがになんの知識もなく、移住し、建築を始めるのは無謀だと感じて、半年間木工の勉強に職業訓練校に通いました。

毎日通うのが楽しくて、学校が楽しいなんて人生初めてでしたね。

ここで学んだ、道具と機械の使い方が大いに役立ち、2005年6月10日に屋久島に住むことに決めました。仮住まいは屋久島南部の山中の一軒家、夜などは背中がゾク！　としモノノケを感じるような場所でした。

最初の半年は物珍しく、遊び惚けてしまいましたが、これでは家はできないと遊びを絶って家づくりを始めました。建築の様子はブログを書いていますのでドームハウスに興味のある方はそちらをのぞいてみてください（ブログ「屋久島で物作りを始める」 https://masakume.seesaa.net/）。

結局、2年の予定が5年もかかって、ようやく住める状態になり、引っ越しましたが完成ではありません。

セルフビルドでは完成引き渡しというのはありません。住みながら建具や家具をつくることを続け、畑なども始め、完成形と思えるようになったのは最近のことです。ドームハウスに住めるようになり、少し余裕ができ、ようやく屋久島の海、山、川を楽しむようになりました。

特に経験のなかった沢登りにはまりましたね。素晴らしい仲間たちに出会えて、屋久島での暮らしがより深まりました。自然も素晴らしいですが、やはり人との出会いが大事だと改めて感じます。家づくりでも多くの人に助けてもらいました。

ありがたいことです。そして、何より夢を理解してくれて、応援してくれたパートナーに助けられました。改めて感謝しています。

海辺の暮らしの現状には大変満足しており、ここに骨を埋める覚悟です。

屋久島暮らし17年目で老いがひたひたと迫ってきて、活動範囲が狭まってきましたがこの穏やかな暮らしを続けたいと考えています。

企業戦士からダイビングインストラクターになった兄。屋久島へ移住

久米《くめ》健《けん》太郎《たろう》 鹿児島県屋久島町

1975年愛知県生まれ富山県育ち48歳。

東京商船大学交通機械電子工学課程卒業。空調メーカー子会社で設備設計と営業に15年従事。食品・化学・医薬品などの製造工場向け設備導入に携わり、日本企業のモノづくりへの情熱に触れる。その間、上海－ロンドンで合計2年間駐在。多種多様な血生臭い文化を体感したことが後の人生観に大きく影響する。

両親の屋久島移住が転機の一つとなり、ダイビングにハマり通っていたダイビングスクールに転職、2年間の修行の後、40歳で屋久島へ移住、ダイビングショップMasterpiece開業。

金儲け下手を自覚しつつ、本業もそこそこに閑散期は農業の手伝いなど、居心地のいい環境で日々の糧を得る暮らしを送る。

朝起きて夜に寝る、今が一番幸せ。

※今回は、多忙な兄に代わって実弟として代筆させてもらいました。内容については兄がチェックしてくれました。

僕の唯一の兄弟である二つ年上の兄もまた地方移住を決断した一人です。

兄は富山の進学校から東京の国立大学に進学し、誰もが知っている空調メーカー

グループに就職しました。

就職してから結婚し、英国や中国にそれぞれ海外駐在を数年経験するなど、弟の僕から見てもいわゆる順風満帆な人生を送っていたのですが、離婚を経て勤めていた会社を退職したのです。

退職後、兄はダイビングインストラクターになるべく資格を取得してそのまま都内のダイビングショップへ再就職しました。

それだけでも驚きなんですが、さらに2回目の結婚を果たしたのです。

2年間ダイビングショップで経験を積み、両親の移住先でもある屋久島へ夫婦ともに飛び立ちました。ご存じの通り、屋久島は1993年12月に日本で初めて世界自然遺産に登録された屋久杉で有名な鹿児島県の離島です。

屋久島は現在も一度は訪れてみたい離島ランキングに常時ランクインしている魅力的な島ですが、どうしてもイメージは屋久杉、つまり山方面がフォーカスされがちで海の観光地という認識はされにくいところがあります。

さらに、来島者数は95年前後に年間40万人のピークを迎えた後、徐々にその数を減らして現在は25万人程度と言われています。

そんな屋久島でダイビングインストラクターとして起業しようとした兄もどこか自分と同じＤＮＡを感じずにはいられません。

逆張りの精神とでも言いましょうか。

普通の起業人であれば、各種トレンドが上昇する分野を追いかけていきそうなものですが、我ら兄弟は前述の両親の影響もあったのか、どこか変わった感覚を持って生まれたようですね。

もちろん、兄が移住を決断できたのは先に両親が移住し、その基盤をつくってくれていたことが大きいでしょう。その意味で、少し見方を変えればいわゆるUターン型移住の一種と呼べるかもしれません。

さて、そんな兄の暮らしぶりは、これまた僕といくつかの共通点があることが今回の取材で明らかになりました。

一つ目は住まいが借家であること。

そして不動産屋を通さず直接大家さんから借りている点です。

兄の場合は何度か準備段階で島を訪れ、住まいを探していたのですが結局見つからず、その直後に空き家の情報を見つけて交渉し、契約に至りました。

実は屋久島には町営住宅があり、移住者向けの支援策もあって、運が良ければ月額1万円で1年間暮らせる仕組みがありましたが、兄はダイビング機材を保管しておく倉庫が必要だったため、町営住宅を選択肢から外していたのです。

幸運にも借りられた空き家は、直前まで大家さんが暮らしていたのでリフォームがほとんど必要なかったこと、夫婦で飼っている愛猫との同居が可能だったこと、そして極めつけは敷地内に倉庫を建てても良いと承諾を得られたことが大きかったそうです。

兄は、ダイビングショップとして開業届を提出し、個人事業を営みながらそれ以外にも複数の収入源を持っています。

主に夏はダイビングショップの運営で忙しいのはもちろんですが、通年で公的施設の管理人を委託されたり、冬はタンカン・ポンカンなどの柑橘類の出荷・集荷の仕事を頼まれたり、お茶の時期には農家の季節仕事を手伝ったりと何足もの草鞋を履きながら、稼ぎを得ているそうです。

ちなみに兄は40歳になる年に屋久島へ移住しました。

40歳と言えば企業内では中堅かそれ以上の立場であることが多いと思いますが、

地方ではまだまだ若手です。

　しかも大企業勤務経験がある兄は屋久島で歓迎され、受け入れられたそうです。これもまさに地方に人材が不足しているからこそ生まれたギャップであり、移住することで自分自身の価値が相対的に向上する所以でもあります。

おわりに

本書を最後まで読んでくださりありがとうございました。
今回、本書を執筆するにあたり自分自身が地方で起業するに至った経緯を振り返ってみました。

その発端は大学受験時にまで遡ります。

日本海側の各県は当時まだ裏日本と呼ばれることもあり、進学するなら明るいイメージの太平洋側を考えました。
また、同級生の約半数は大都市圏へ進学したと記憶しています。

しかし東京都内の大学をいくつか受験し、ことごとく失敗して浪人生活へと突入しました。二度目の受験でも都内の私立大学進学を希望しました。

実は、その段階では東京都と静岡県はほぼ隣り合わせだと勘違いしていました。
受験の結果は、都内の私立大学に何校か受かり、かつ公立大学である静岡県立大学も受かりました。

両親からは、学費の関係などで、公立大学に進学するように言われていたので、困りました。そこで、高校時代の恩師に電話で相談しました。

その時に恩師からいただいた助言は、
「お前は東京にいったらダメになる」
という言葉でした。

高校生活では学力の面で芳しい結果を上げられず、半端な不良を演じていた自分に対し、恩師の見立ては鋭いものだったと今でも感謝しています。

そして静岡県立大学での大学生活が始まります。
サークル活動にバイト、そして麻雀に明け暮れる日々。

長期休暇にはバックパッカースタイルの海外旅行にハマりました。周囲の同期たちがスーツに身を固め就職活動に取り組み始めたころ、またもやドロップアウトしていく自分がいました。

このまま就職することがイメージできない。モラトリアム期間を延長したい一心で留学を志しました。そのことを当時在籍していたゼミの恩師（現静岡県立大学名誉教授　立田洋司先生）に報告がてら相談したところ、「そんな浮ついた気持ちで留学しても得るものはない。もっと地に足着けた暮らしをしてみては」と、激を飛ばしてくださいました。図星であり、頭にガツンと衝撃が走った一瞬でした。

それから間もなく立田先生の所有する山奥にある「ポツンと一軒家」的な山荘に転がり込むように移住し、薪で飯を炊き、薪で風呂を沸かす暮らしをスタートさせました。

携帯の電波が届かない場所で20代の男子が足掛け6年近くも過ごすとは、そのときはまだ想像していませんでした。

また、移住先で、体系的にまとめられたチェーンソーマニュアルを出版した石垣正喜さんと出会えたことも非常に幸運でした。

石垣さんは、死亡事故の絶えない林業の現場で、指導者の不足がその大きな要因だと位置づけ、指導者育成のための理論と指導方法を確立された功績がおありです。石垣さんから学んだおかげで、自分自身はもとより、社員も含めこれまでチェーンソーでの事故やケガを起こしたことがありません。

成功者の多くは「自分は幸運だった」と言います。

メジャーリーグで活躍する大谷翔平選手が高校生時代に書き記した目標達成の夢曼荼羅《まんだら》チャートに「幸運」の項目があることをご存じでしょうか。野球のスキルだけでは夢を達成することができないと当時の大谷少年は考えたのでしょう。幸運を引き寄せるための八つの要素は以下の通りです。

- あいさつ
- ゴミ拾い

・部屋そうじ
・道具を大切に使う
・プラス思考
・審判さんへの態度
・応援される人間になる
・本を読む

これらの項目に共通するのは「心掛け」と言えそうです。

中でも最後の「本を読む」は興味深いですね。

本を読むことを心掛けることで、運が良くなるとはいったい何を示唆しているのでしょうか。

筆者が地方に進学し、田舎暮らしを選び、1次産業界隈で起業したそれぞれの節目には道しるべとも言うべき出会いがありました。

出会いから学び、そして実践することで人生の方向が徐々に定まってきたと感じています。

出会いという観点から、もしこの本が、都会暮らしをしている皆さんにとって今後の人生の役に立つ道しるべとなれたら幸いです。

末筆ではありますが、本書企画を粘り強くサポートしてくださった株式会社自由国民社の三田智朗編集長には感謝申し上げます。

そして出版に至る機会を提供していただいたネクストサービス株式会社の松尾昭仁様、大沢治子様、誠にありがとうございました。また、本書に寄稿して下さった移住者仲間の皆さま、インタビューに快く答えてくれた友人・知人、父母や兄にもこの場を借りて感謝の気持ちを伝えたいです。

最後に、離れて暮らす3人の娘たちへ。この本は3人のことを想いながら書き上げました。君たちの人生にも素敵な出会いがあることを祈っています。

2024年2月吉日

久米　歩

■著者プロフィール

久米 歩（くめ あゆむ）

エネキコリ®／再生可能エネルギープロデューサー
株式会社ソマウッド　代表取締役

1977年6月生まれ富山県射水市出身。2002年静岡県立大学国際関係学部卒。
学生時代はバックパッカーで海外を周遊し、グローバル社会へ意識を向けていたが、恩師の「地に足付けた暮らしをしてみないか」という言葉に感銘を受け、大学卒業後、恩師の山荘へ転がり込み書生生活を始める。その後、携帯電話のつながらない山奥で、薪でご飯と風呂を焚く生活を6年弱送る。
2006年、地域の中学生に英語と数学を指導する学習塾「独歩塾」を開業。
2009年8月、林業や自然エネルギー関連の事業を行う株式会社ソマウッドを開業し、現在に至る。

日本のローカル・オブ・ローカルである中山間地域の自然豊かな環境に魅せられ、特に興津川の水のきれいさに惚れ込んだ。そのままでも飲めるくらいの清流は世界でも貴重な自然資源。その資源を次世代にしっかり残していきたいという想いから、水を守るには森を守らねばならないと気づく。たまたまその地域に林業会社がなかったこともあり、未経験ながら林業ベンチャー会社を起業する。

奇しくも東日本大震災の年に大型の台風に地域が襲われ、1週間ほど停電を経験したことから、気候変動にブレーキを掛けるアクションが必要であると痛感し、再生可能エネルギーの普及を事業の柱に据えることを決意する。

中山間地域の「負動産」を価値あるものへ変えるべく、放置された田畑に太陽光発電所の設置を依頼されたことをきっかけに、現在は新築住宅への太陽光発電システム・蓄電池の施工販売も手掛ける。著者個人としても田んぼの跡地を借りて、太陽光発電所を所有し運営している。

また、チェーンソー使用時に発生する死亡事故は「教育によって減らせる」という信念の元、オンラインキコリスクールを自社開発。国内の新規就業者の裾野を広げるための挑戦に留まらず、海外における林業人材育成も視野にいれている。

●エネキコリ®ウェブサイト
https://enekikori.com/

●オンラインキコリスクール公式LINE
※ご質問等があればLINEからお気軽にどうぞ。

地方で起業して、いきなり手取り額を2倍にする方法

2024年4月5日　初版第1刷発行

著　　　者　　久米　歩

カ　バ　ー　　小口　翔平＋畑中　茜（tobufune）
本文デザイン　　有限会社中央制作社

発　行　者　石井　悟
発　行　所　株式会社自由国民社
〒171-0033 東京都豊島区高田3丁目10番11号
電話 03-6233-0781（代表）
https://www.jiyu.co.jp/

印　刷　所　株式会社光邦
製　本　所　新風製本株式会社
企画協力　松尾　昭仁（ネクストサービス株式会社）
編集担当　三田　智朗